신협

필기시험

—

민법(총칙)

www.goseowon.co.kr

Preface

신협은 믿음과 나눔의 정신을 바탕으로 서민과 중산층을 위해 비영리로 운영되고 있는 협동조합 금융기관으로 한국의 서민, 중산층을 위한 대표적인 비영리금융기관입니다.

금융사업, 공제사업, 지역개발사업, 문화후생사업, 사회복지사업 등 다양한 업무를 수행하고 있는 신협은 '협동조합의 참다운 모델, 삼호금융의 진정한 리더'를 비전으로 삼아 가치(質)를 바탕으로 효율적으로 성장(量)을 추구, 합리적 호혜성 및 보편적 공공성 실현, 협동조합 철학과 정체성 실현하고 있습니다.

'우수한 인재가 신바람 나게 일할 수 있는 직장'을 인사비전으로 삼고 있는 신협의 채용절차는 서류전형, 필기시험, 면접으로 구성됩니다.

본서는 신협 필기시험 과목 중 선택과목인 민법(총칙)에 대비하기 위한 수험서로 다음과 같이 구성하였습니다.

1. 방대한 양의 민법 영역을 체계적으로 구분하여 핵심문제를 엄선·수록하였습니다.
2. 실제 시험에 출제가 예상되는 문제를 다각도로 분석하여 수록하였습니다.

신념을 가지고 도전하는 사람은 반드시 그 꿈을 이룰 수 있습니다. 서원각이 도전하는 여러분의 꿈을 응원합니다.

Structure

출제예상문제

각 영역별 출제가 예상되는 문제를 엄선하여 수록하였습니다.

정답 및 해설

매 문제 상세한 해설을 달아 문제풀이만으로도 시험 대비가 가능하도록 구성하였습니다.

Contents

PART I　신협 소개
01. 기업소개 ·· 8
02. 채용안내 ·· 14

PART II　통칙
01. 민법의 의의 및 법원 ································· 18
02. 민법의 기본원리 및 효력 ························· 26

PART III　권리
01. 법률관계와 권리·의무 ····························· 34
02. 권리의 주체 ·· 52
03. 권리의 객체 ·· 80
04. 권리의 변동 ·· 94

PART IV　법률행위의 대리
01. 총설 ·· 122
02. 무권대리 ··· 138

PART V　법률행위의 무효와 취소
01. 무효인 법률행위 ···································· 150
02. 취소할 수 있는 법률행위 ······················ 158

PART VI　법률행위의 부관
01. 조건부 법률행위 ···································· 168
02. 기한부 법률행위 ···································· 173

PART VII　기간과 소멸시효
01. 기간 ·· 180
02. 소멸시효 ··· 183

PART

1

신협 소개

-----

01. 기업소개
02. 채용안내

기업소개

1 신협

(1) 신협이란

① 신협은 한국의 서민, 중산층을 위한 대표적인 비영리금융기관이다.

② 신협은 믿음과 나눔의 정신을 바탕으로 서민과 중산층을 위해 비영리로 운영되고 있는 협동조합 금융기관이다.

(2) 사업분야

① **금융사업** … 신협은 조합원을 위한 다양한 금융업무를 수행하고 있다. 조합원과 비조합원을 대상으로 한 예탁금과 적금의 수납, 조합원에 대한 대출, 내국환, 국가, 공공단체 및 금융기관의 대리업무, 유가증권, 귀금속 등을 보관해주는 보호 예수업무, 어음할인 업무 등을 수행한다.

② **공제사업** … 공제(共濟)란 협동조합에서 운영하는 비영리 보험이다. 신협은 조합원의 생활 안정과 재난 대비를 목적으로 공제사업을 실시하고 있다. 신협의 공제사업은 저축의 다양화와 위험 보장에 대한 조합원의 욕구를 만족시킨다.

③ **지역개발사업** … 신협은 유통사업과 공동구매 그리고 농산물 직거래 사업에 이르기까지 조합원의 생활의 질을 높이기 위해 여러 활동을 전개하고 있다.

　㉠ 공동구매, 유통사업, 창고업 및 장의업, 기타 이에 준하는 사업

　㉡ 생산자의 생활보장과 소비자의 안전한 먹거리를 위한 도시와 농촌간의 농산물 직거래

④ **문화후생사업** … 신협은 이익의 사회환원을 위해 조합원과 비조합원 모두가 자유롭게 이용할 수 있는 각종 서비스와 편의시설을 제공하고 있다.

　㉠ 주부대학 및 취미교실 등 사회교육 시설의 설치 및 운영

　㉡ 탁구장, 테니스장 및 체력단련장 등 생활 체육시설의 설치 및 운영

　㉢ 예식장, 독서실 등

⑤ **사회복지사업** … 신협은 이익의 사회환원을 위해 조합원과 비조합원 모두가 자유롭게 이용할 수 있는 각종 서비스와 편의시설을 제공하고 있다.

　㉠ 보육시설, 노인 및 장애인 복지시설의 설치 및 운영

　㉡ 재활용품 수거, 재생화장지 및 무공해 비누 공급 등 환경보전 운동

2　신협이념

(1) 경영철학

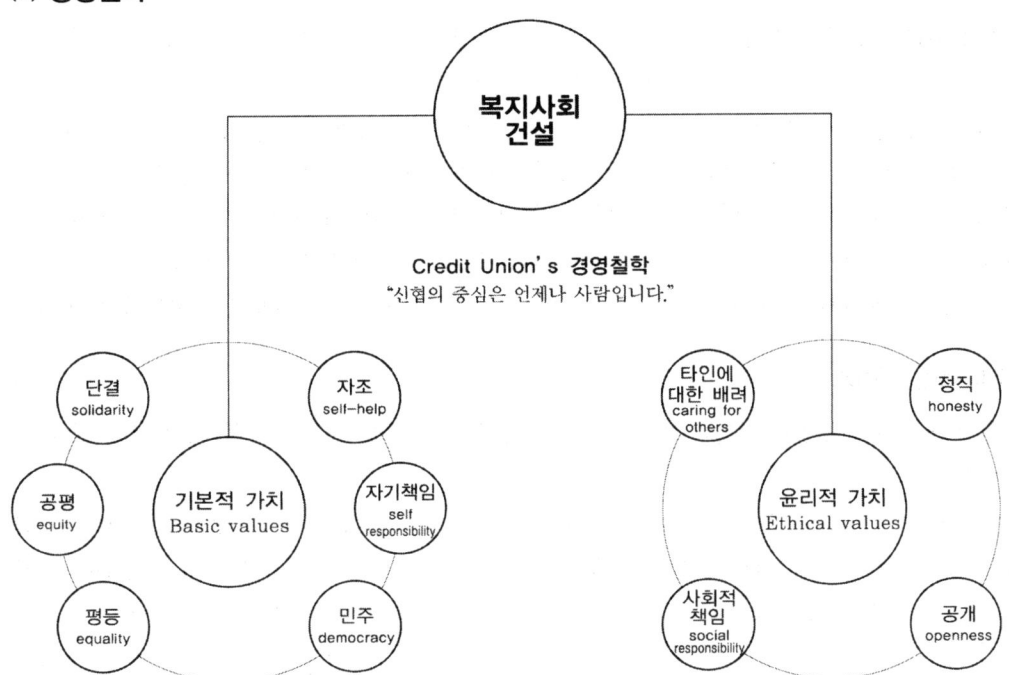

(2) 신협운동의 3대 정신
① 自助(자조)
② 自立(자립)
③ 協同(협동)

(3) 신협운동의 실천과제
① 잘살기 위한 경제운동
② 사회를 밝힐 교육운동
③ 더불어 사는 윤리운동

3 운영원칙

(1) 민주적 조직구조
① **가입탈퇴의 자유** … 신협의 가입·탈퇴는 자발적이며, 조합의 서비스를 이용할 수 있고 조합원으로서 응분의 책임을 질 의사가 있는 공동유대 내의 모든 사람에게 가입의 기회가 주어진다.
② **민주적 관리** … 신협의 조합원은 출자금, 예·적금 및 거래액의 다소에 관계없이 1인1표의 투표권을 가지며 조합운영에 영향을 주는 의사결정에 동등하게 참여할 권리를 갖는다. 조합을 지원하는 기구 또는 계통조직에서의 투표권은 민주적 원칙에 따라 비례제 또는 대의원제로 할 수 있다. 신협은 법령의 범위 내에서 자율적 단체이며 조합원을 위하여 조합원이 운영하고 관리하는 협동조합 기업이다.
③ **인종, 종교 및 정치적 평등** … 신협은 인종, 국적, 성, 종교 및 정치적 이유 때문에 차별하지 아니한다.

(2) 조합원에 대한 서비스
① **조합원에 대한 잉여금 배분** … 신협의 업무는 모든 조합원의 경제적 사회적 지위향상을 위하여 제공되어야 한다.
② **재무구조 안정** … 신협은 근검저축을 권장하여 조성된 자금으로 조합원들에게 대출과 기타서비스를 제공하고 그 능력의 한도 내에서 출자금과 예·적금에 대하여 적정한 배당 및 이자를 지급한다. 자금조달비용, 관리비용, 대손충당금을 공제하고 충분한 적립을 한 후 발생한 잉여금은 모든 조합원에게 귀속되며 특정 조합원이나 조합원집단이 다른 조합원들에게 손해를 입히며 이득을 보는 일이 없도록 한다. 잉여금은 출자에 대한 배당과 같이 조합과의 거래실적에 비례하여 조합원들에게 배분하거나 조합원들이 필요로 하는 서비스를 개선·증대하는데 사용할 수 있다.
③ **조합원에 대한 서비스 제공** … 신협의 서비스는 모든 조합원의 경제적·사회적 지위향상을 목표로 한다.

(3) 사회적 목표
① **지속적인 교육** … 신협은 조합원과 임직원 및 일반대중을 대상으로 신협의 경제적·사회적·민주적·상부상조의 원칙들에 관한 교육을 적극적으로 추진한다. 근검절약의 장려와 대출금의 현명한 이용 및 조합원의 권리와 책임에 대한 교육은 조합원의 필요에 부응하는 신협의 사회적·경제적인 특성에 비추어 필수적이다.
② **협동조합간 협동** … 신협은 협동조합의 철학과 전통에 따라 조합원과 지역사회의 권익에 최대한 기여하기 위하여 능력의 범위 내에서 다른 신협, 협동조합 및 그 계통조직들과 지역적·국가적·국제적 수준에서 적극적으로 협동한다.

③ 사회적 책임 … 신협은 협동조합 개척자들의 이상과 신념을 이어 받아 인간과 사회의 발전을 추구한다. 사회정의에 대한 신협의 비전은 조합원 개인뿐만 아니라 그들이 일하며 살고 있는 지역사회로 확대하는 것이다. 신협의 이상은 신협을 필요로 하고 이용할 수 있는 모든 사람에게 서비스를 제공하는 데 있다. 모든 사람은 조합원이든 아니든 신협의 이해와 관심의 대상이 된다. 신협의 의사결정은 신협과 조합원이 있는 보다 넓은 지역사회의 이해를 충분히 고려하여 이루어져야 한다.

4 VISION 및 MISSION

(1) VISION 2020
'협동조합의 참다운 모델, 삼호금융의 진정한 리더'

신협은 자본보다는 사람을 중시하는 협동조합 정신에 맞추어 인간의 사회경제적 차별과 소외를 극복하고자 하는 인본주의에 기초하여 설립된 조직이다.

신협은 동질성과 결속력을 바탕으로 경제적 활동을 통해 구성원의 삶의 질을 향상시키기 위해 조직된 생활 속의 열린 결사체로서 영리를 추구하는 주식회사와는 차별적인 특징을 지닌다.

① 가치(質)를 바탕으로 효율적으로 성장(量)을 추구

신협은 금융 가치에 국한하지 않고 구성원의 삶의 질을 향상 시킬 수 있는 다양한 가치들을 창조하고 그것들이 분배 될 수 있도록 노력한다. 신협은 가치창조를 핵심경쟁력으로 하여 효율적 성장을 추구 한다. 효율적인 성장은 당초 기대를 넘어서는 뛰어난 성장, 상대적으로 작은 마케팅 비용을 지출하여 경쟁자와의 격차를 확실히 벌려놓은 성장을 의미한다. 따라서, 신협은 가치를 바탕으로 성장을 추구하는, 즉 성장과 발전을 동시에 추구하는 것을 지속 가능한 경영원칙으로 한다.

② 합리적 호혜성 및 보편적 공공성 실현

합리적 호혜성은 조직 구성원 상호간에 특별한 편익을 주고받는 관계를 맺음으로 해서 얻어지는 상호간의 이익이다. 또한 그것은 공정한 가치제공과 형평적인 가치배분을 통하여 이루어지는 상생의 결과물이다. 보편적 공공성은 동질간의 협동과 이질간의 연대를 통하여 개인적 수준을 넘어 사회적 관계에 두루 미치는 역할 및 영향력이다. 그리고 그것은 지역사회의 지속가능한 발전을 위해 경제, 사회, 문화적으로 행하는 일련의 사회적 책임활동이다.

③ 협동조합 철학과 정체성 실현

신협은 협동조합 철학과 자본주의 원리의 조화를 꾀하는 경제적 생활공동체로서 지역사회에서 협동조합의 정체성을 선도적으로 실현하여 협동조합의 참다운 모델이나 상호금융의 진정한 리더가 된다.

(2) MISSION

'우리는 오직 조합원과 지역발전에 도움이 되는 일을 한다.'

① 신협은 조합원의 경제적 성공을 지원함으로써 조합원의 삶의 질 향상과 지역 사회의 지속가능한 발전을 위해 존재한다.

② "만약 우리 조합원이 다른 금융기관에 가서 더 나은 거래를 할 수 있다면, 우리는 여기에 존재할 가치가 없다"라는 점에 진정으로 공감하고 지속적인 성장과 혁신을 도모한다.

③ 그리하여 신협은 오직 조합원에게 도움이 되는 일을 하기 위하여 조합원이 바라는 것을 찾아내고, 창조하고, 제공하는 일련의 노력을 해나간다.

④ 먼저 조합원이 바라는 것을 찾아내기 위해서는 사회경제적으로 약자의 입장에 있고, 소외받는 사람들로부터 근로자, 자영업자, 중산층에 이르기까지 다양한 조합원들의 입장과 처지, 그리고 이해관계를 우선적으로 염두에 둔다.

⑤ 다음으로 조합원이 바라는 것을 창조하기 위해서는 임직원들의 전문적인 역량과 윤리적 행동을 바탕으로 조합원 지향적인 정책결정, 경영자원의 효율적인 활용, 소통과 재미가 넘치는 조직문화 정착등이 이루어지도록 한다.

⑥ 끝으로 조합원이 바라는 것을 제공하기 위해서는 정성스런 모심과 적극적인 살림의 정신을 바탕으로 인간중심, 약자연대, 공정분배, 상부상조 등 협동조합의 방향성을 잃지 않도록 노력한다.

5 핵심가치 및 미래상

(1) 핵심가치

① 가치추구
- ㉠ 협동조합 가치강화
- ㉡ 창의적인 업무개선

② 감동지향
- ㉠ 탁월한 서비스 제공
- ㉡ 경제적 소외자 배려

③ 건전경영
- ㉠ 안정적인 수익구조
- ㉡ 윤리행동 책임경영

④ 상생발전
    ㉠ 지역사회발전 기여
    ㉡ 사회공헌활동 추진

(2) 미래상

'신협은 혼자서 빨리 가는 방식보다는 모두 함께 멀리 가는 방식을 지향한다.'
조합원수 1,000만 명→총자산 100조 원→상호금융권 고객만족도 1위

Chapter 02 채용안내

1 신협 인재상

(1) 신협의 인사비전

'우수한 인재가 신바람 나게 일할 수 있는 직장'

(2) 신협이 제시하는 인사조직문화

① 일하는 자가 우대받는 문화 정착
  ㉠ 능력 있는 직원이 우대받는 문화 정책
  ㉡ 능력중심의 성과 배분
  ㉢ 성과주의 정착
  ㉣ 책임과 권한의 범위 확립

② 소통문화 정착
  ㉠ 타인을 배려하는 문화
  ㉡ 조합과 조합원의 입장에서 근무하는 인재양성
  ㉢ 협동조합의 근본이념 이해

③ 자기계발을 통한 우수인력 양성
  ㉠ 지속적인 교육을 통한 전문지식 함양
  ㉡ 전문화된 지식을 바탕으로 한 대 조합 서비스 제고
  ㉢ 조직이 필요한 지식을 보유한 인재양성

2 채용안내

(1) 전형절차

① 1차 … 서류전형(입사지원서, 자기소개서)

② 2차 … 필기시험(서류전형 합격자에 한해 별도 통보)
　㉠ 시험과목
　　• 필수 1과목 : 일반상식
　　• 선택과목 1과목 : 민법(총칙에 한함), 회계학, 경영학, 경제학
　㉡ 유형 : 4지선다형 각 40문제 출제
③ 3차 … 면접(필기시험 합격자에 한해 모집 신협별로 진행)

(2) 지원서 접수방법

① **접수방법** … 'cu.saramin.co.kr'에서 온라인 접수(타 양식 및 오프라인 접수 불가)
　㉠ 지원서 작성 시 지원자는 지원지역 내에서 1순위, 2순위 지원 신협 선택(지원 신협은 필기시험 합격자의 면접 대상 신협 결정을 위한 참고자료로 활용)
　㉡ 지원조합을 표지하지 않은 지원자는 무작위로 면접 대상 신협이 결정될 수 있음
　㉢ 필기시험 선택과목 4과목 중 1과목 선택
② **온라인 제출자료** … 입사지원서(자기소개서 양식 포함)

(3) 기타사항

① 신협중앙회는 신협 업무전반을 지원하는 기관으로서 모집 신협 신입직원 채용을 위하여 필기시험 합격자 선정까지만 대행함
② 면접 및 최종 합격자, 근무조건 등은 모집 신협에서 결정함
③ 졸업증명서 등 제출서류는 면접 대상자에 한해 모집 신협 내규에 의거 개별 제출함
④ 각 전형 단계별 합격자 및 전형일정은 신협홈페이지에 공고하며, 합격자에 한하여 SMS로 개별 통보함
⑤ 채용관련 문의
　㉠ 채용사이트 'cu. saramin.co.kr'「질문하기」메뉴 이용
　㉡ 지원지역별 신협중앙회 지역본부

지원지역	연락처	지원지역	연락처
서울	02-590-5752	대전세종충남	042-720-2005
울산경남	051-557-9055	광주전남	062-520-7703
인천경기	031-259-5517	전북	063-279-4622
대구경북	053-740-3812	제주	064-753-9893

PART

통칙

-----

01. 민법의 의의 및 법원
02. 민법의 기본원리 및 효력

Chapter 01 민법의 의의 및 법원

1 민사에 관한 법적용 순위에 관하여 틀린 것은?

① 민사특별법 – 민법 – 관습법
② 신원보증법 – 관습법 – 조리
③ 건축법 – 민법 – 관습물권
④ 주택임대차보호법 – 민법 – 부동산등기법

> **ADVICE** » 법원은 민법·관습법·조리의 순으로 적용된다. 그러나 어떤 사항에 관하여 특별법이 있으면 그 특별법이 민법에 우선하여 적용된다(특별법 우선의 원칙).
> ④ 부동산등기법은 민법의 부속법으로 민법에 앞서 적용된다.

2 민법총칙 사항 중 민법의 통칙에 해당하지 않는 것은?

① 신의성실의 원칙　　　　　② 부재와 실종
③ 자연인의 권리능력의 존속기간　　④ 주소

> **ADVICE** » 민법총칙 가운데 재산법과 가족법에 모두 적용되는 통칙은 ①②④⑤ 이외에 법원〈제1조〉, 물건〈제98조 ~ 제102조〉, 반사회질서의 법률행위〈제103조〉, 기간〈제155조 ~ 제161조〉 등이 있다. 제3조의 규정인 ③은 원칙적으로 가족법에는 적용되지 않는다는 것이 다수설이다. 즉, 가족법에서는 재산상속, 대습상속, 유증, 유류분 등에 있어서 태아의 권리능력을 넓게 인정하고 있기 때문이다.

3 일제 강점기 우리나라에 적용된 민법관계의 규범에 대한 법적 근거는?

① 구민법　　　　　② 조선관습법
③ 조선민사령　　　④ 합병조약

> **ADVICE** » ③ 조선민사령에 의하여 일본의 민법전과 각종의 특별법이 우리나라에 적용되었다.

4 권리의 보호에 대한 설명으로 틀린 것은?

① 독일 및 스위스민법은 자력구제에 관하여 자세하게 규정하고 있다.
② 민법은 자력구제에 관한 일반규정을 두고 있다.
③ 국가구제제도로는 재판제도와 조정제도가 있다.
④ 민법상 정당방위와 긴급피난이 인정된다.

> **ADVICE** 》 ② 자력구제에 대한 일반규정은 민법에 규정되어 있지 않으며, 구체적 규정으로 점유의 침탈〈제209조〉에 대해서만 자력구제를 인정하고 있다.

5 다음 민법총칙의 사항 중 민법의 통칙이 되는 것은?

① 행위능력
② 의사능력
③ 주소
④ 대리

> **ADVICE** 》 민법총칙의 규정의 대부분은 실질적으로는 재산법에 대한 통칙에 불과하다. 민법 전체에 적용되는 통칙으로는 법원〈제1조〉, 신의성실·권리남용금지〈제2조〉, 주소〈제18조~제21조〉, 부재와 실종〈제22조~제30조〉, 물건〈제98조~제102조〉 등이다.

6 다음 중 민법에 관한 설명으로 틀린 것은?

① 실질적 의미의 민법은 일반사법을 말한다.
② 민사부속법과 특별사법은 실질적 의미의 민법에 해당한다.
③ 민법은 실체법이다.
④ 민법은 일반사법이다.

> **ADVICE** 》 ② 실질적 의미의 민법은 민사에 관한 일반사법을 말하므로 특별사법은 실질적 의미의 민법에 포함되지 않는다.

Answer 1.④ 2.③ 3.③ 4.② 5.③ 6.②

7 조리와 관련이 없는 것은?

① 법의 일반원칙
② 경험칙
③ 사물의 도리
④ 다수자의 의견

> **ADVICE》** 조리는 경우에 따라서는 경험칙·사회통념·사회적 타당·신의성실·사회질서·정의·형평·법에 있어서의 체계적 조화라고도 한다.
> ④ 조리와 무관한 사물의 본질적 법칙이다.

8 법원에 관한 설명 중 옳지 않은 것은?

① 민사에 관한 조약도 성문법원이 된다.
② 민사에 관하여는 성문법·관습법·조리의 순으로 적용된다.
③ 상관습법은 상사에 관하여 민법에 우선한다.
④ 대법원의 판례는 민법에 우선 적용된다.

> **ADVICE》** ④ 판례의 법원성을 인정한다고 하더라도 판례가 성문법인 민법에 우선하여 적용되지는 않는다.

9 관습법에 관한 설명으로 틀린 것은?

① 우리나라 민법은 관습과 관습법을 구별하지 않는다.
② 우리 민법상 성문법은 관습법에 우선한다.
③ 판례에 의하여 인정되고 있는 관습법으로 관습법상의 법정지상권, 사실혼관계 등을 들 수 있다.
④ 관습법은 그 존재 자체가 불분명하므로 결국 법원의 판결에 의하여 확인을 필요로 한다.

> **ADVICE》** ① 사실인 관습〈제106조〉과 관습법〈제1조〉은 구별된다.

10 다음의 내용 중 틀린 것은?

① 성문법주의 국가에서는 불문법의 법원성을 전혀 인정하지 않고 있다.
② 영국은 불문법주의 국가로서 판례법이 중요한 법원이 된다.
③ 불문법주의 국가에서도 성문법을 제정하는 경향이 있다.
④ 독일·프랑스 등의 대륙제국은 성문법주의 국가로서 민법전을 가지고 있다.

> ADVICE » ① 성문법주의 국가에서도 불문법의 법원성을 일부 인정하고 있다.

11 민법규정 가운데 실질적 의의의 민법이라 할 수 없는 것은?

① 채권에 관한 규정
② 법인이사에 대한 벌칙규정
③ 물권에 관한 규정
④ 법원에 관한 규정

> ADVICE » ② 민법 중 법인이사의 벌칙규정, 채권의 강제집행에 관한 규정 등은 공법적 성질을 가지고 있다.

12 다음 중 민법의 특별법이 아닌 것은?

① 민사소송법
② 자동차 등 특정동산 저당법
③ 신원보증법
④ 상법

> ADVICE » ① 민사소송법은 절차법으로 민법의 특별법이라 할 수 없다.

Answer   7.④ 8.④ 9.① 10.① 11.② 12.①

13 다음 중 민법 제1조와 부합되지 않는 것은?

① 성문법주의
② 법원의 종류
③ 조리의 법원성
④ 판례의 구속력

> ADVICE » ④ 판례는 당해 사건 이외의 경우에는 사실상의 구속력이 인정될 뿐 판례의 법원성을 부정하는 것이 다수설이다.

14 민법 전체의 통칙이 아닌 것은?

① 권리남용금지에 관한 규정
② 신의성실의 원칙에 관한 규정
③ 소멸시효에 관한 규정
④ 물건에 관한 규정

> ADVICE » 민법 전체에 적용되는 통칙으로는 법원, 신의성실, 권리남용금지, 주소, 부재와 실종, 물건, 기간 등에 관한 규정들이 있다.

15 1984년의 민법전의 개정내용에 포함되지 않는 것은?

① 전세금감액청구권
② 특별실종기간
③ 구분소유권
④ 건물 전세권의 법정갱신

> ADVICE » 제6차 개정내용
> ㉠ 특별실종기간 1년으로 단축과 항공기실종 추가
> ㉡ 구분지상권
> ㉢ 전세권의 우선변제권
> ㉣ 건물 전세권의 법정갱신
> ㉤ 전세금감액청구권

16 다음 중 민법전의 내용을 변경할 수 있는 법률은?

① 공탁법
② 부동산등기법
③ 가족관계의 등록 등에 관한 법률
④ 주택임대차보호법

ADVICE 》 ①②③ 민사에 관한 절차법
④ 민사에 관한 실체법으로 민사특별법

17 성문법주의와 불문법주의를 비교한 것 중 옳지 않은 것은?

① 성문법주의는 불문법주의보다 법이 경화(硬化)하기 쉽다.
② 성문법주의는 법질서의 안정이 확정적이지만 불문법주의에서는 유동적이다.
③ 성문법주의는 법의 통일정비가 용이하나 불문법주의는 곤란하다.
④ 성문법주의는 사회사정의 변천에 적응하기 쉽지만 불문법주의는 적응하기 어렵다.

ADVICE 》 성문법주의와 불문법주의의 비교

구분	성문법주의	불문법주의
형식	법전화	비법전화
유형	대륙법계 국가 (독일·프랑스·스위스·일본·한국)	영미법계 국가(영국·미국 등)
종류	법률, 명령, 조례, 규칙 등	관습법, 판례법, 조리 등
장점	• 법의 통일적 정비가 용이하다. • 법적 안정성을 유지할 수 있다.	법의 경화(硬化)현상을 막을 수 있다. 즉, 법의 탄력성과 유동성이 뛰어나다.
단점	법의 탄력성과 유동성을 갖지 못한다. → 법의 경화(硬化)현상	• 법의 통일적 정비가 용이하지 않다. • 법이 명확하지 않다. • 국민의 법적 안정성을 해할 수 있다.

Answer 13.④ 14.③ 15.③ 16.④ 17.④

18 다음 중 민법의 특별법이 아닌 것은?

① 입목에 관한 법률
② 명인방법
③ 주택임대차보호법
④ 부동산 실권리자명의 등기에 관한 법률

> ADVICE 》 ② 명인방법(明認方法)은 관습법상 인정되는 소유권 취득방법 중 하나일 뿐 민법의 특별법은 아니다.

19 다음 설명 중 옳지 않은 것은?

① 가족관계에 관하여는 각각 민사특별법이 많다.
② 가족법은 재산법에 비하여 보수성과 습속성이 강하다.
③ 민법은 행위규범과 재판규범의 성질을 함께 갖고 있다.
④ 민법과 상법은 그 원리의 교류가 있으며, 상호 부단히 융합하는 현상이 있다.

> ADVICE 》 ① 특별사법은 모두 재산법관계에 관한 것만 존재한다.

20 현행 민법전의 구성에 관한 설명 중 옳지 않은 것은?

① 우리 민법은 총칙, 물권, 채권, 친족, 상속의 5편으로 구성되어 있다.
② 우리 민법은 판덱텐식 편별법을 취한 것이다.
③ 판덱텐식의 가장 큰 특징은 원칙적으로 민법 전체에 걸치는 통칙으로서의 총칙 편을 두고 있지 않다.
④ 민법전은 편별 방식에 따라 로마식 편별법(인스티투치온식)과 독일식 편별법(판덱텐식)으로 나눌 수 있다.

> ADVICE 》 ③ 판덱텐식의 가장 큰 특징은 체계가 정연하고 총칙을 둠으로써 규정의 중복을 피할 수 있다는 점이다.

21 조리에 관한 설명 중 옳지 않은 것은?

① 조리의 법원성을 긍정함이 다수설이다.
② 조리는 법률이나 계약을 해석하는 기준이 될 수 없다.
③ 조리는 사물의 본성 혹은 사물의 도리라는 견해도 있다.
④ 우리 민법은 조리의 법원성에 관하여 보충적 효력을 인정한다.

> **ADVICE** » 조리는 법원으로서 재판의 근거가 될 뿐만 아니라 법률행위의 해석의 기준이 된다.

Answer 18.② 19.① 20.③ 21.②

Chapter 02 민법의 기본원리 및 효력

1 다음 중 근대초기의 민법의 기본원칙이 아닌 것은?

① 과실책임의 원칙
② 계약자유의 원칙
③ 남녀평등의 원칙
④ 소유권절대의 원칙

ADVICE » 근대민법은 개인의 자유와 평등을 강조하였으며, 구체적으로 사유재산권 존중의 원칙(소유권절대의 원칙), 사적자치의 원칙(계약자유의 원칙), 과실책임의 원칙(자기책임의 원칙)을 그 기본으로 하고 있다.

2 다음 중 사권의 사회성과 거리가 먼 것은?

① 소유권의 행사는 동시에 공공의 복리에 대한 봉사이다.
② 재산권의 행사는 공공복리에 적합하도록 하여야 한다.
③ 개인주의적 법원리를 지향한다.
④ 권리남용금지의 원칙에 입각해야 한다.

ADVICE » ③ 개인주의적인 법원리는 권리자유의 원칙이 인정되는 근대사법의 기초 원리이다.

3 민법해석에 있어서 우선적으로 해야 하는 것은?

① 문리해석   ② 목적해석
③ 유권해석   ④ 논리해석

ADVICE » 법의 해석에 있어서 우선적으로 해야 할 것은 문자가 나타내는 보통의 의미를 파악하는 데 있다.

4 사적자치와 관련하여 우리 민법이 인정하기에 가장 적합지 않은 것은?

① 계약체결의 자유
② 계약내용결정의 자유
③ 유언의 자유
④ 혼인방식의 자유

> **ADVICE** » ③ 유언은 가족법상의 법률행위 가운데서도 가장 철저한 요식성을 필요로 하는 법률행위이다.

5 우리 민법의 효력에 대한 설명으로 틀린 것은?

① 소급효가 인정되지만 실질적으로는 불소급이다.
② 원칙적으로 우리나라에 사는 외국인에게도 적용된다.
③ 북한주민에게도 적용된다.
④ 외국에 사는 한국인에게는 원칙적으로 적용되지 않는다.

> **ADVICE** » ④ 민법은 모든 대한민국 국민, 즉 국내에 있는 한국인은 물론 외국에 있는 한국인에게도 적용된다.

6 다음 중 민법이 적용되지 않는 사람은?

① 북한에 있는 대한민국 국민
② 국내에 있는 외국인
③ 국내에 있는 대한민국 국민
④ 외국에 있는 외국인

> **ADVICE** » 민법은 국내에 있는 한국인은 물론 외국에 있는 한국인에게도 적용되며, 민법은 원칙적으로 한국의 영토 내에 있는 외국인에게도 적용된다.

7 민법에서 물건이라 함은 유체물 및 전기 기타 관리할 수 있는 자연력을 말하는데 이의 해석유형은?

① 유추해석
② 문리해석
③ 입법자해석
④ 유권해석

> **ADVICE** » 유권해석 … 공권적 해석이라고도 하며 법을 해석하는 권한을 가지고 있는 기관에 의한 해석이다.

Answer 1.③ 2.③ 3.① 4.③ 5.④ 6.④ 7.④

8 다음 중 연결이 옳지 않은 것은?

① 과실책임 – 거래의 안전
② 사적자치 – 사회질서
③ 자기책임 – 무과실책임
④ 계약자유 – 신의성실

> ADVICE » ① 거래의 안전은 자본주의가 발달하면서 생긴 사법적 성질의 것으로 과실책임과는 무관하다.

9 근대민법상의 여러 원칙과 그 주된 지배영역의 연결이 틀린 것은?

① 사적자치의 원칙 – 상속법
② 계약자유의 원칙 – 채권법
③ 과실책임의 원칙 – 손해배상
④ 재산권 존중의 원칙 – 물권법

> ADVICE » ① 사적자치의 원칙은 주로 채권법, 그 중에서도 계약법을 지배하며, 상속법에서는 유언자유의 원칙으로 다소 나타날 뿐이다.

10 계약자유의 원칙이 주로 지배하는 법분야는?

① 물권법
② 친족법
③ 관습민법
④ 채권법

> ADVICE » 계약자유의 원칙 … 모든 개인의 권리·의무는 당사자 자신의 자유로운 의사에 의해서만 취득되고 상실된다는 원칙으로 재산법 중 채권법을 주로 지배한다.

11 민법의 해석에 대한 설명으로 틀린 것은?

① 민법의 해석은 민법의 기본원리를 지침으로 삼아서 행하여야 한다.
② 법의 해석에 있어서는 법적 안정성뿐만 아니라 구체적 타당성도 해치지 않도록 노력해야 한다.
③ 불문법인 관습법이나 판례법에 관하여는 해석이 필요하지 않다.
④ 민법의 해석이란 민법의 법원에 관하여 그 내용을 확정하는 것이다.

> ADVICE » ③ 성문민법 법규의 해석이 가장 중요하기는 하나 불문법인 관습법이나 판례법에 관해서도 해석은 필요하게 된다.

12 다음은 민법에서 많이 사용하는 법률용어의 설명이다. 틀린 것은?

① '준용'이란 입법기술상의 한 방법이며, '유추'는 법해석의 한 방법이므로 양자는 같지 않다.
② '제3자'란 당사자 이외의 모든 자를 말하나 때로는 범위가 제한된다.
③ '간주'는 반대증거가 제출되면 규정의 적용을 면할 수 있는 것이며 민법의 간주조항에 대하여 '…으로 본다'고 표현한다.
④ '대항하지 못한다'는 법률행위의 제3자가 법률행위의 효력을 인정하는 것은 상관없다는 것이다.

> **ADVICE** » ③ 추정은 반대의 사실을 입증하여 책임을 면할 수 있으나, 간주는 반대의 증거제출을 허용하지 않으며 법률이 정한 효력이 당연히 생긴다.

13 다음 중 20세기 민법의 수정원칙의 하나인 것은?

① 소유권절대의 원칙
② 법률행위자유의 원칙
③ 과실책임의 원칙
④ 권리남용금지의 원칙

> **ADVICE** » 근대민법의 수정원칙 … 근대민법의 3대 원칙인 사유재산권 존중, 개인의사 자치의 원칙, 과실책임의 원칙은 사회질서 · 신의성실 · 거래안전 · 권리남용금지의 원칙으로 변경되었다.

14 근대민법과 관련이 적은 것은?

① 자유주의
② 실질적 평등
③ 추상적 개인
④ 인격절대주의

> **ADVICE** » 근대민법은 개인주의 · 자유주의라는 당시의 시대사조를 배경으로 하여 인격절대주의 또는 자유인격의 원칙을 전제로 하고 있다.

Answer 8.① 9.① 10.④ 11.③ 12.③ 13.④ 14.②

15 다음 중 20세기의 민법의 기본원칙인 것은?

① 소유권절대의 원칙 ② 신의성실의 원칙
③ 과실책임의 원칙 ④ 법률행위자유의 원칙

> **ADVICE** » 신의성실의 원칙 … 모든 사람이 사회공공생활의 일원으로서 상대방의 신뢰를 헛되게 하지 않도록 성실하게 행동해야 한다는 원칙으로 근대민법의 기본원리(3대 원칙 – 소유권절대의 원칙, 사적자치의 원칙, 과실책임의 원칙)에 대한 수정원리라 볼 수 있다.

16 다음 설명 중 틀린 것은?

① 국내에 있는 외국인에게 민법은 예외적으로만 적용된다.
② 민법은 원칙적으로 소급효가 인정된다.
③ 민법은 우리나라의 전 영토 내에 그 효력을 미친다.
④ 민법은 구 민법상의 기득권을 존중한다.

> **ADVICE** » ① 영토고권에 의하여 민법은 국내에 있는 외국인에게도 원칙적으로 적용된다.

17 근대민법의 기본원리가 수정된 배경으로 볼 수 없는 것은?

① 권리의 사회성 강조 ② 자본주의 급성장
③ 주기적인 공황과 실업 ④ 부의 불균형

> **ADVICE** » ② 자본주의 급성장은 근대사법의 원칙이 가져온 긍정적 차원이며, 기본원리 수정의 배경이 된 것은 아니다.

18 다음 중 근대사법의 3대 원칙을 제약하는 실천원리가 아닌 것은?

① 사회질서 ② 소유권자의 이용권에 대한 지배
③ 거래안전 ④ 신의성실

> **ADVICE** » ② 소유권의 절대성을 더욱 강조하는 개념으로, 근대사법의 기본원리를 제약하는 실천원리가 아니다.

19 다음 중 공공복리의 원리와 가장 거리가 먼 것은?

① 계약자유의 원칙
② 신의성실의 원칙
③ 무과실책임의 원칙
④ 반사회질서행위금지의 원칙

ADVICE » ① 개인주의, 자유주의 사상을 기초로 했던 근대민법의 원칙이다. 공공복리를 강조하는 현대 민법에서 계약자유는 제한을 받을 수밖에 없으며, 공공의 행복과 이익을 추구하기 위해서 계약자유는 사회적 제약이 불가피할 수밖에 없다.

20 다음 민법의 해석에 관한 설명 중 옳지 않은 것은?

① "미성년자가 후견인의 동의를 얻지 아니하면 할 수 없는 재산상의 행위에는 유가증권도 포함된다."라는 해석은 확장해석의 방법이다.
② '선의·악의'는 통상적인 의미로서는 호의(好意)나 상대방을 해칠 의사를 말하는 것이지만, 법문상 선의란 어떤 사정을 알지 못하는 것을, 악의란 어떤 사정을 안 경우를 의미하는 것으로 해석하는 것은 문리해석의 방법이다.
③ 민법의 "사술을 쓴 무능력자에게는 취소권을 배제한다."고 할 때 사술은 적극적 기망만을 의미한다고 하는 것은 물론해석의 방법이다.
④ 민법상 '미성년자에 대한 영업허락의 취소'에서 취소는 그 효력을 장래에 대해서만 상실케 한다는 의미로 해석하는 것은 변경해석의 방법이다.

ADVICE » ③ 어떠한 용어의 의미를 좁게 해석하는 것은 축소해석이며, 물론해석의 방법은 법령에 없는 것을 입법정신으로 해석하는 것이다.

Answer 15.② 16.① 17.② 18.② 19.① 20.③

PART

권리

-----

01. 법률관계와 권리·의무
02. 권리의 주체
03. 권리의 객체
04. 권리의 변동

Chapter 01 법률관계와 권리·의무

1 다음 중 신의성실의 원칙과 거리가 먼 것은?

① 불공정한 법률행위
② 사정변경의 원칙
③ 채무불이행책임
④ 혼동으로 인한 물권의 소멸

> ADVICE » ④ 혼동이란 두 개의 법률상의 지위 또는 자격이 동일인에게 귀속하는 사건으로써 신의성실의 원칙과는 관계가 없다.
> ※ 신의성실의 원칙 … 법률관계에 참여하는 자는 상대방의 정당한 이익을 고려해야 한다는 원칙으로 당사자가 서로 대립하는 경우에는 대체로 신의성실의 원칙의 적용을 받는다.

2 권리의 행사에 관한 설명으로 틀린 것은?

① 권리행사란 권리실현의 과정을 말한다.
② 권리행사란 권리의 주장과 같은 의미이다.
③ 형성권 가운데는 재판상 행사되어야만 하는 것도 있다.
④ 지배권은 객체를 지배하는 방법으로 행사된다.

> ADVICE » 권리행사의 방법
> ㉠ 물건 등 지배권에 있어서는 객체를 직접 지배해서 사실상 이익을 향수하는 방법으로 행사된다.
> ㉡ 채권 등 청구권에 있어서는 그 내용이 되는 행위를 의무자에게 요구하거나 그 결과를 수령하는 방법으로 행사된다.
> ㉢ 형성권은 보통 권리자가 일방적으로 의사표시를 함으로써 행사하지만, 소(訴)를 제기함으로써 하여야 하는 경우도 있다.
> ㉣ 항변권은 청구권자의 이행청구가 있을 때 이를 거절하는 형식으로 행사한다.

3 다음에 열거한 것 중 그 실질이 청구권이 아닌 것은?

① 상속회복청구권
② 부부의 동거청구권
③ 부당이득반환청구권
④ 전세권소멸청구권

> **ADVICE** » ④ 형성권이다.
> ※ **청구권** … 특정인이 다른 특정인에게 일정한 작위·부작위를 요구할 수 있는 권리이다. 청구권은 물권, 채권, 무체재산권, 친족권, 상속권 등과 같이 독립된 권리는 아니며, 이들 권리의 내용 또는 효력으로서 이들 권리에 포함되어 있거나 이들 권리로부터 생기는 것이다.

4 권리남용에 대한 설명으로 옳지 않은 것은?

① 권리남용의 결과 타인에게 손해가 발생하면 손해배상책임을 진다.
② 권리남용의 법리는 물권법 분야에서 실용성이 가장 크다.
③ 권리남용의 원칙적인 효과는 권리의 박탈이다.
④ 타인을 해할 의사는 권리남용의 요건이 아니다.

> **ADVICE** » ③ 권리남용이론은 권리행사에 대한 제약이기 때문에 권리 자체의 제약이 아니며, 예외적으로 친권상실의 선고〈제924조〉와 같이 법률의 규정이 있는 경우에 권리가 박탈된다.

5 다음 청구권 중 그 실질이 청구권이 아닌 것은?

① 임차인의 부속물매수청구권
② 부부의 동거청구권
③ 유아의 인도청구권
④ 소유물방해제거청구권

> **ADVICE** » ① 임차인의 부속물매수청구권은 실질에 있어서 형성권이다.

Answer 1.④ 2.② 3.④ 4.③ 5.①

6 다음 중 성격이 다른 권리는?

① 재산권 ② 인격권
③ 가족권 ④ 기대권

ADVICE » ①②③은 내용에 따른 분류이며, ④는 권리가 장래에 어떤 사실이 확정될 경우에 생기는지 아니면 이미 현실적으로 확정되어 있는지에 따른 분류이다.

7 우리 민법의 기본원리와 어긋나는 것은?

① 권리는 남용하지 못한다.
② 모든 국민은 법 앞에 평등하다.
③ 자기의 권리를 행사하는 자는 그 누구도 해하지 아니한다.
④ 경제 질서는 개인의 경제상의 자유와 창의를 존중한다.

ADVICE » ① 제2조 제2항
② 헌법 제11조 제1항
③ 권리행사의 자유가 인정되었던 근대초기 사법을 나타내는 것으로, 이는 후에 권리남용금지의 원칙에 의하여 수정되었다.
④ 헌법 제119조 제1항

8 다음 중 권리를 남용한 경우 권리를 박탈하는 명문의 규정이 있는 경우는?

① 호주권 ② 부양청구권
③ 친권   ④ 물권적 청구권

ADVICE » 가정법원은 부 또는 모가 친권을 남용하여 자녀의 복리를 현저히 해치거나 해칠 우려가 있는 경우에는 자녀, 자녀의 친족, 검사 또는 지방자치단체의 장의 청구에 의하여 그 친권의 상실 또는 일시 정지를 선고할 수 있다〈제924조 제1항〉.

9 다음 중 형성권에 속하지 않는 것은?

① 추인권 ② 해지권
③ 동의권 ④ 부양청구권

ADVICE » ④ 부양청구권은 청구권에 속한다.

10 다음 설명 중 옳은 것은?

① 근대민법은 명령법규의 모습을 띠고 있다.
② 중세봉건시대에는 권리가 강조되었다.
③ 근대에 있어서는 그 이전보다 권리의 관념이 쇠퇴하였다.
④ 오늘날에는 의무를 강조하는 경향이 있다.

> ADVICE » ④ 오늘날에는 근대에 있어서와 같이 법률관계를 권리의 면에서 파악하기보다(권리본위), 다시 의무를 강조하는 경향이 있다.

11 우리 민법이 기본원칙으로 채택하고 있는 것은?

① 무과실책임의 원칙
② 자기책임의 원칙
③ 결과책임의 원칙
④ 위험책임의 원칙

> ADVICE » 민법의 기본원칙 … 우리 민법은 자유·평등을 그 이념으로 강조하고 한편으로는 그것을 공공복리의 원칙으로서 조절하고 조화하려고 한다. 모든 사람에게 법인격을 인정하고 사유재산권을 보장하며 개인의사 자치를 인정하고, 과실책임을 원칙(자기책임의 원칙)으로 하면서 공공복리라는 현대적 이념의 실천원리 내지 행동원리로서 신의성실, 권리남용금지, 사회질서, 거래안전을 내세워 3대 원칙을 적극적으로 제약·통제하고 있다.

12 다음 중 권리가 아닌 것은?

① 대리인의 대리권
② 채권자대위권
③ 유치권
④ 물권적 청구권

> ADVICE » ① 권한이다.
> ※ 권리 … 일정한 생활상의 이익을 향수하기 위하여 인정되는 법적 힘을 말하며, 권능 또는 권한과 구별된다.

Answer 6.④ 7.③ 8.③ 9.④ 10.④ 11.② 12.①

13 다음 사항 중 사정변경의 원칙을 적용하기에 적합한 것은?

① 질투건축　　　　　　　② 안온방해
③ 부당한 친권행사　　　　④ 지료증감청구권

ADVICE 》 ①②③ 권리남용금지의 원칙을 적용
　　　　　④ 사정변경의 원칙을 적용

14 다음 중 권리남용에 관한 설명으로 틀린 것은?

① 권리남용금지의 원칙은 사권의 사회성·공공성의 이론에 바탕을 두고 있다.
② 부작위로 인한 권리남용은 있을 수 없다.
③ 타인에게 수인(受人)의 한계를 넘는 생활방해를 하는 것은 권리남용이 된다.
④ 형성권의 행사가 권리남용이라고 인정되면 그 효과는 발생하지 않는다.

ADVICE 》 ② 권리의 불성실한 불행사는 권리남용이 된다.

15 다음 중 권리가 아닌 것은?

① 성명권　　　　　　　　② 일반예약완결권
③ 지상권소멸청구권　　　④ 주위토지통행권

ADVICE 》 ④ 상린관계의 내용으로서 소유권의 내용을 이루는 권능이다.
　　　　　※ 권능 … 권리의 내용을 이루는 각각의 법률상의 힘으로 사용권능, 수익권능, 처분권능을 말한다.

16 권리와 의무는 서로 대응되는 것이 보통이나, 권리만 있고 의무는 없는 경우도 있다. 다음의 권리 중 그에 대응하는 의무가 없는 것은?

① 공유물분할청구권　　　② 친권
③ 특허권　　　　　　　　④ 물권

ADVICE 》 ① 형성권은 그에 대응하는 의무가 없다.

17 다음 중 청구권에 대한 설명으로 옳은 것은?

① 채권과 청구권은 동일한 개념이라 보는 것이 우리나라의 통설이다.
② 청구권은 그 기초가 되는 권리와 구분하여 양도할 수 있다.
③ 물권에 있어서 물권 내용의 실현이 타인에 의하여 방해되는 경우 청구권이 생긴다.
④ 청구권과 형성권은 법문의 표현에 의하여 구별된다.

> ADVICE » ① 채권은 청구권을 그 본체로 하지만 그 외에도 채권자대위권, 채권자취소권 등이 포함되고, 청구권은 채권 이외에 물권 또는 신분권에서도 유래한다.
> ② 청구권은 그 기초가 되는 법률관계와 분리하여 양도할 수 없고, 따라서 채권양도의 규정은 유추적용할 수 없다.
> ④ 공유물분할청구권 등 청구권이란 명칭을 가지고 있으나 그 실질은 형성권으로 보는 권리가 많다.

18 다음 중 재판에 의하여만 행사할 수 있는 권리가 아닌 것은?

① 채권자취소권
② 재판상 이혼권
③ 계약해제권
④ 입양취소권

> ADVICE » ③ 권리자의 의사표시만으로 효과를 발생할 수 있다.

19 다음 중 강행규정이 아닌 것은?

① 상속순위에 관한 규정
② 행위능력에 관한 규정
③ 농지법의 농지처분에 관한 규정
④ 계약의 해제권에 관한 규정

> ADVICE » ④ 계약의 해제권에 관한 민법규정은 선량한 풍속 기타 사회질서에 관계있는 규정이라고 볼 수 없으므로 강행규정이 아니다.

Answer 13.④ 14.② 15.④ 16.① 17.③ 18.③ 19.④

20 다음 중 권리와 구별되는 개념에 대한 설명으로 옳지 않은 것은?

① 반사적 이익은 법률상 주장할 수 없다는 점에서 권리와 구별된다.
② 권한은 일정한 법적 자격을 의미한다.
③ 타인의 부동산에 물건을 부속시킬 수 있는 힘으로 지상권·임차권 등도 권능으로 불리운다.
④ 권능의 대표적인 예는 소유권에 있어 그로부터 파생되는 사용·수익·처분권능 등이다.

> ADVICE » ③ 권능은 권리를 구성하는 개개의 힘을 의미하며, 지상권·임차권은 타인의 부동산에 물건을 부속시킬 수 있는 권원에 해당한다.

21 甲은 乙에게 기망당하여 시가 2억 상당의 부동산을 5천만 원에 乙에게 팔았다. 이런 경우 甲은 매매를 무효로 할 수 있는 권리를 갖는데, 이러한 권리는 다음 중 어디에 해당하는가?

① 청구권
② 형성권
③ 기대권
④ 항변권

> ADVICE » 사기를 이유로 하는 취소권으로 형성권에 해당한다.

22 다음 중 항변권에 대한 설명으로 옳지 않은 것은?

① 우리 민법은 영구적인 항변권을 인정하지 않는다.
② 항변권은 그것에 대하여 주장할 권리의 존재를 전제로 한다.
③ 청구권의 성립을 방해하는 사실의 주장은 항변권이 아니다.
④ 청구권을 소멸케 한 사실의 주장은 항변권이 아니다.

> ADVICE » ① 우리 민법상 항변권은 연기적 항변권과 영구적 항변권으로 분류할 수 있고 상속권인 한정승인의 항변권은 영구적인 항변권에 해당한다.

23 권리의 보호에 대한 설명으로 옳지 않은 것은?

① 모든 권리의 보전을 위하여 원칙적으로 자력구제를 인정한다.
② 정당방위나 긴급피난은 현재의 침해에 대한 방위수단인 데 반하여 자력구제는 주로 과거의 침해에 대한 구제이다.
③ 점유침탈에 대하여 민법은 자력구제를 규정하고 있다.
④ 권리보호를 위해 민법상 인정되는 것으로는 정당방위, 긴급피난, 자력구제가 있다.

> **ADVICE** » ① 권리보호를 위해 국가구제가 원칙이며, 자력구제는 예외적인 경우에 한하여 인정된다.

24 다음 중 신의성실의 원칙에 관한 설명으로 옳지 않은 것은?

① 신의성실의 원칙의 한도와 내용은 사회적으로 정하여진다.
② 신의성실의 원칙은 주로 채권법을 지배하는 원리였으나 점차 다른 영역에 확대되어 사회적 접촉관계에 서는 자 사이에서 일반적으로 적용되기에 이르렀다.
③ 신의성실의 원칙은 사적자치와 모순된다.
④ 신의성실의 원칙은 법규범의 흠결을 보충한다.

> **ADVICE** » ③ 사적자치는 법질서와 표리관계에 있는 것으로 신의성실의 원칙은 사적자치와 모순되는 것이 아니다.

25 다음 중 사정변경의 원칙에 관한 설명으로 틀린 것은?

① 민법 제628조의 차임증감청구권은 사정변경의 원칙의 대표적인 예이다.
② 사정변경의 원칙의 기원은 중세의 교회법의 clausula의 법리에서 찾을 수 있다.
③ 우리 민법은 사정변경의 원칙을 인정하는 직접적인 일반규정이 없다.
④ 판례는 사정변경의 원칙을 정면으로 인정한다.

> **ADVICE** » ④ 판례는 일반적으로 사정변경의 원칙을 인정하고 있지 않다.

26 다음 중 통설에 따르면 권리남용의 기준이 되지 않는 것은?

① 정당한 이익의 흠결
② 가해자의 주관적 요건
③ 사회질서에 위반
④ 사회적 이익의 균형파괴

> **ADVICE》** 통설은 권리남용의 기준으로 주관적 요건은 필요하지 않다고 본다. 그러나 판례는 소유권의 남용과 관련하여 당사자의 가해의사를 권리남용의 판단에서 중요한 요소로 보고 있다.

27 다음 중 어떠한 경우에도 권리남용의 효과로 볼 수 없는 것은?

① 손해배상책임의 발생
② 신의성실의 원칙에 대한 위배
③ 청구권의 배척
④ 법률효과의 부정

> **ADVICE》** ① 권리남용은 불법행위로 손해가 발생하면 손해배상청구권이 생긴다.
> ③④ 권리가 청구권인 경우에는 법으로 그 주장을 배척하고, 형성권인 때에는 그 효과를 부정한다.
> ② 권리남용의 요건에 해당한다.

28 무체재산권에 포함되지 않는 것은?

① 저작권
② 특허권
③ 상표권
④ 저당권

> **ADVICE》** ④ 물권이다.
> ※ **무체재산권**… 정신적·지능적 재산을 독점적으로 이용하는 권리이며 저작권, 특허권, 상표권, 의장권, 실용신안권 등이 여기에 속한다.

29 다음 중 신의성실의 원칙에 대한 설명으로 틀린 것은?

① 실효의 원칙의 근거는 신의성실의 원칙상 자기모순금지의 원칙에서 찾을 수 있다.
② 신의성실의 원칙에 위반한 권리의 행사는 권리남용이 된다.
③ 신의성실의 원칙에 위반한 의무의 이행은 채무불이행이 된다.
④ 제한능력자의 상대방보호는 신의성실의 원칙의 반영이다.

ADVICE » ④ 신의성실의 원칙과 관계가 없다.

30 다음 중 사권에 속하지 않는 것은?

① 인격권   ② 사원권
③ 재산권   ④ 노동권

ADVICE » ④ 공권이다.

31 민법상의 원칙 중 공공복리의 원리와 가장 관계가 먼 것은?

① 권리남용의 원칙
② 신의성실의 원칙
③ 계약자유의 원칙
④ 무과실책임의 원칙

ADVICE » ③ 계약자유의 원칙은 근대민법의 3대 원리로서 수정원리인 공공복리와 직접적인 관련이 없다.

32 다음 중 재산권이면서 지배권으로서의 성격도 가진 것은?

① 물권   ② 채권
③ 계약해지권   ④ 상속권

ADVICE » ② 재산권 ③ 형성권 ④ 가족권

Answer   26.② 27.② 28.④ 29.④ 30.④ 31.③ 32.①

33 권리남용의 기준이 되지 않는 것은?

① 강행규정의 위반　　　② 정당한 이익의 흠결
③ 공서양속　　　　　　④ 사회질서

ADVICE 》 ① 강행규정에 위반한다고 반드시 권리의 남용이 되는 것은 아니다.

34 사권의 보호와 가장 관계가 먼 것은?

① 손해배상청구권　　　② 법인설립허가권
③ 정당방위　　　　　　④ 자력구제

ADVICE 》 ② 공권으로 사권과는 무관하다.

35 다음 중 권리자의 일방적 의사표시만으로 효과가 생기는 형성권은?

① 상계권　　　　　　　② 입양취소권
③ 혼인취소권　　　　　④ 친생부인권

ADVICE 》 형성권
　㉠ 권리자의 의사표시만으로 효과를 발생하는 것 : 법률행위의 동의권, 취소권, 추인권, 계약해제 및 해지권, 상계권, 매매의 일방계약완결권, 약혼해제권, 상속권 등
　㉡ 법원의 판결이 있어야 효과를 발생하는 것 : 채권자취소권, 친생부인권, 재판상 이혼권, 이혼취소권, 입양취소권, 재판상 파양권 등

36 다음 중 권리의 성질에 관한 내용으로 틀린 것은?

① 의장권은 무체재산권이다.
② 추인권은 형성권이다.
③ 계약해지권은 청구권이다.
④ 무체재산권과 인격권은 지배권이다.

ADVICE 》 ③ 계약해지권은 형성권이다.

37 다음 중 권리남용과 거리가 먼 것은?

① 자기소유의 도로를 차단하는 행위
② 권리의 불성실한 불행사
③ 생활방해
④ 채권의 강제집행

ADVICE » ④ 채권의 강제집행은 채권자의 정당한 권리행사이다〈제389조〉.

38 대리권이란 타인을 위해 의사표시를 하거나 의사표시를 수령할 수 있는 법적 자격을 말한다. 이러한 대리권의 법적 성격은 다음 중 어느 것인가?

① 권한
② 권리
③ 권능
④ 권원

ADVICE » 대리권은 타인을 위해 의사표시를 하거나 수령할 수 있는 법적 자격을 의미하는 '권한'인 것이다.

39 다음 중 인격권이 아닌 것은?

① 명예권
② 정조권
③ 상속권
④ 성명권

ADVICE » ③ 가족권에 속한다.
※ 인격권 … 권리자 자신의 인격적 이익의 향수를 목적으로 하는 권리로서, 명예권·성명권·초상권·정조권·생명권·자유권·신체권 등이 있다.

40 다음 중 신분권이 아닌 것은?

① 부부의 동거청구권
② 부양청구권
③ 정조권
④ 재산상속권

ADVICE » 신분권 … 가족권이라고도 하며, 가족적 신분관계를 기초로 하여 성립하는 권리이다. 친족권(친권·후견권·부양청구권·부부의 동거청구권 등)과 상속권(재산상속권)이 이에 속한다.

Answer 33.① 34.② 35.① 36.③ 37.④ 38.① 39.③ 40.③

41 다음 중 형성권에 속하지 않는 것은?

① 추인권　　　　　　　　② 지료증감청구권
③ 해지권　　　　　　　　④ 부양청구권

ADVICE 》 ④ 청구권에 해당된다.
※ 형성권 … 권리자의 일방적인 의사표시에 의해 법률관계의 발생·변경·소멸을 가져오는 권리로서 가능권이라고도 한다.
㉠ 권리자의 의사표시만으로 법적 효과가 발생하는 형성권: 철회·취소권, 해지·해제권, 동의권, 추인권, 상계권, 면제권, 예약완결권 등이 있다.
㉡ 재판상의 형성권: 법원의 판결로 비로소 효과가 발생하며, 채권자 취소권, 재판상 이혼권, 입양취소권, 재판상 파양권, 인지청구권, 친생부인권 등이 있다.
㉢ 명칭상 청구권이나 사실상 형성권인 것: 지상물매수청구권, 지료증감청구권, 지상권소멸청구권, 전세권소멸청구권, 매수인의 매매대금감액청구권, 전세권자(설정자)의 부속물매수청구권 등이 있다.

42 사권의 내용에 의한 분류에 해당하지 않는 것은?

① 신분권은 친권, 부권, 부양청구권, 상속권 등이다.
② 인격권은 신체권, 자유권, 친권 등이다.
③ 재산권은 물권, 채권, 무체재산권 등이다.
④ 사원권은 민법의 사단법인의 사원의 권리, 주식회사의 주주의 권리 등이다.

ADVICE 》 ② 인격권은 인격적 이익의 향수를 내용으로 하는 권리로 생명·신체·자유·명예·정조·성명 등의 보호를 목적으로 하는 권리가 이에 속하며, 친권, 상속권 등은 신분권에 속한다.

43 법률상 효력의 차이에 따른 사권의 분류와 관련된 설명으로 옳지 않은 것은?

① 청구권에 속하는 구체적인 권리로서는 지료증감청구권, 지상권소멸청구권, 부양청구권 등이 있다.
② 형성권에는 권리자의 의사표시만으로 효과를 발생하는 것과 법원의 판결에 의하여 효과가 발생하는 것이 있다.
③ 형성권에 속하는 구체적인 권리로서는 취소권, 상계권 등을 들 수 있다.
④ 물권은 가장 전형적인 지배권이며, 무체재산권도 지배권에 속한다.

ADVICE 》 ① 부양청구권은 청구권이다. 그러나 지료증감청구권, 지상권소멸청구권은 청구권이라 불리나 그 본질은 형성권이다.

44 다음 권리 중 양도성이 있는 것은?

① 연금청구권　　　　　② 재해보상청구권
③ 부동산전세권　　　　④ 부양청구권

> **ADVICE** » 권리는 양도성이 제한되는 경우가 있는데 그 사유로는 법률규정, 권리의 성질 및 당사자 간의 특약 등이 있다.
> ①②④ 권리의 성질상 양도성이 제한되는 일신전속적 권리이다.

45 다음 중 준물권에 해당하는 것은?

① 준공유권　　　　　　② 준점유권
③ 준합유권　　　　　　④ 광업권

> **ADVICE** » 준물권 … 물권을 직접 지배하지는 않지만, 물건을 전속적으로 취득할 수 있는 권리를 말하며 광업권이나 어업권이 이에 속한다.

46 다음 중 산업소유권에 해당하지 않는 것은?

① 저작권　　　　　　　② 특허권
③ 의장권　　　　　　　④ 실용신안권

> **ADVICE** » 특허권, 실용신안권, 의장권, 상표권 등의 권리는 산업적 이익의 향유를 목적으로 한다는 점에서 이를 산업소유권 또는 공장소유권이라 한다.
> ① 저작권은 산업소유권에 해당하지 않는다.

47 다음 중 종된 권리가 아닌 것은?

① 원본채권　　　　　　② 저당권
③ 보증채권　　　　　　④ 이자채권

> **ADVICE** » ① 종된 권리의 전제가 되는 권리로서 주된 권리에 해당한다.

Answer 41.④ 42.② 43.① 44.③ 45.④ 46.① 47.①

48 다음 중 권리에 관한 설명으로 옳은 것은?

① 보증인의 최고 및 검색의 항변권은 영구적 항변권이다.
② 채권자취소권은 법원의 판결이 없더라도 권리자의 의사표시만으로 법률관계의 변동을 가져오는 형성권이다.
③ 청구권은 그 기초가 되는 권리와 분리하여 청구권만을 양도할 수는 없다.
④ 전세권설정자의 전세권소멸청구권은 명칭상 청구권으로 불리나 그 성질은 지배권이다.

> ADVICE 》 ① 보증인의 최고 및 검색의 항변권은 연기적 항변권이다.
> ② 채권자취소권은 법원의 판결을 받아야 하는 형성권이다.
> ④ 전세권설정자의 전세권소멸청구권의 성질은 형성권이다.

49 다음 중 민법상 간접의무로 볼 수 없는 것은?

① 청약자의 승낙연착의 통지의무
② 사용대차 상 대주의 하자고지의무
③ 임차물에 대해 권리주장자가 있는 경우 임차인의 임대인에 대한 통지의무
④ 과실상계 상 채권자가 손해의 발생 및 확대를 저지하여야 할 의무

> ADVICE 》 민법상 간접의무에는 ①②④ 이외에도 연대채무에 있어서 구상요건으로서의 통지의무 등이 있다.

50 다음 설명 중 옳지 않은 것은? (단, 학설이 대립되는 경우 판례에 따름)

① 권리의 행사가 권리남용에 해당된다고 하기 위해서는 객관적 요건뿐만 아니라, 주관적 요건도 고려한다는데 학설·판례가 일치하는 것은 아니다.
② 자신의 선행행위와 모순되는 행위의 효력을 부인하는 금반언의 원칙은 신의성실의 원칙의 한 내용이라 볼 수 있다.
③ 소멸시효의 완성을 주장함에 대하여는 신의성실의 원칙이 적용될 여지가 없다.
④ 실효의 원칙이 인정되기 위해서는 의무자인 상대방이 더 이상 권리자가 그 권리를 행사하지 아니할 것으로 믿을 만한 정당한 사유가 있어야 한다.

> ADVICE 》 ③ 통설은 소멸시효의 완성에 있어서도 신의성실의 원칙을 수용하고 있으며, 판례에서도 이를 수용하고 있다(대판 1992.1.21, 91다30118).

51 다음 중 권리의 순위와 충돌에 관한 설명으로 옳지 않은 것은?

① 동일 목적물 위에 두 개 이상의 저당권이 존재할 수 있다.
② 동일 목적물 위에 지상권이 두 개 존재할 수 없다.
③ 채권 상호간에 충돌하는 경우 먼저 발생한 채권이 우선하는 것은 아니다.
④ 소유권과 제한물권이 충돌할 경우에는 소유권이 우선함은 당연하다.

> ADVICE » ④ 소유권과 제한물권이 충돌하면 제한물권이 우선한다.

52 어떠한 경우에도 권리남용의 효과로서 볼 수 없는 것은?

① 손해배상책임의 발생
② 권리의 박탈
③ 위험부담의 전환
④ 법률효과의 불발생

> ADVICE » ③ 위험부담의 전환은 일종의 위험인수적인 문제로서 권리남용과는 아무런 관계가 없다.

53 권리남용금지의 원칙에 관한 설명으로 옳지 않은 것은?

① 쉬카네라는 것은 타인을 해할 의사만으로 권리를 행사하는 것을 말한다.
② 권리남용으로 인정되는 요건은 점차 객관적 요건으로 그 중심을 옮겨가고 있다.
③ 권리의 행사가 신의성실의 원칙에 위반하는 경우에는 권리남용이 된다.
④ 권리남용금지는 당사자 간에 법적 특별관계가 있는 경우에 한하여 성립한다.

> ADVICE » ④ 권리남용은 신의성실의 원칙과는 달리 반드시 특별관계가 존재해야 하는 것은 아니다. 예컨대, 토지소유자와 인근 주민들 사이처럼 소유자와 일반인 사이에도 얼마든지 적용될 수 있다.

Answer 48.③ 49.③ 50.③ 51.④ 52.③ 53.④

54 다음 중 사정변경의 원칙과 관계없는 것은?

① 지료증감청구권
② 임차료증감청구권
③ 증여계약의 해제
④ 지상권자의 계약갱신청구권

> **ADVICE** » ④ 계약갱신청구권은 지상권자의 투자자본 회수를 위한 한 방법에 불과할 뿐 사정변경의 원칙을 인정한 것은 아니다.

55 다음 설명 중 옳지 않은 것은 모두 몇 개인가?

> ⊙ 인간관계인가 법률관계인가의 구별은 법의 보호를 줄 이익이 있는가 여부로 결정한다.
> ⓒ 대법원은 자초한 손해 등의 표현을 통하여 과실상계의 법리를 적용하여 호의급부자의 책임을 경감하는 방향으로 나아가고 있다.
> ⓒ 신사약정, 무효사유를 알고 한 계약, 호의지급의 상여금은 법률관계가 아니다.
> ⓔ 지배권에는 물권·무체재산권뿐만 아니라 인격권·친권 등이 있다.
> ⓜ 약혼해제권은 당사자의 일방적 의사표시만으로는 안 되고 법원의 판결을 받아야 효과가 발생한다.
> ⓗ 상속회복청구권이나 지상권설정자의 지료증감청구권은 명칭에도 불구하고 실질은 형성권이다.

① 1개 ② 2개
③ 3개 ④ 4개

> **ADVICE** » ⓒ 법률관계이다.
> ⓜ 일방적 의사표시로서 법률효과가 발생한다.
> ⓗ 상속회복청구권은 청구권이다.

56 권리가 충돌하는 경우 그 순위에 관한 설명 중 옳지 않은 것은?

① 물권과 채권이 충돌하면 물권이 우선한다.
② 물권과 물권이 충돌하면 선순위 물권이 우선한다.
③ 용익물권과 담보물권이 충돌하면 언제나 용익물권이 우선한다.
④ 채권과 채권이 충돌하면 먼저 행사한 자가 우선한다.

> **ADVICE** » 물권 상호간에는 선순위 물권이 우선하며, 순위는 등기순위에 의하여 결정되고 등기순위는 순위번호에 의하여 결정된다.

57 다음 중 민법상 사력구제(私力救濟)에 해당하는 것은?

① 조정　　　　　　　　　② 화해
③ 중재　　　　　　　　　④ 정당방위

> ADVICE » 민법이 인정하고 있는 사력구제에는 정당방위〈제761조 제1항〉· 긴급피난〈제761조 제2항〉· 자력구제〈제209조〉가 있다.

58 권리의 보호에 관한 설명 중 옳지 않은 것은?

① 권리의 침해에 대한 구제 중 사력구제는 예외적으로 부득이한 경우에 인정된다.
② 국가구제제도에는 재판제도와 조정제도 등이 있다.
③ 우리 민법은 사력구제에 관해서는 정당방위, 긴급피난, 자력구제의 세 가지가 불법행위를 구성하지 않는다고 함으로써 일반적으로 이를 인정하고 있다.
④ 조정제도는 구체적으로 타당성이 있는 해결을 얻을 수 있다는 장점은 있으나 확실성이 없다는 단점도 있다.

> ADVICE » ③ 정당방위와 긴급피난의 경우는 민법에 일반적 규정을 두고 있으나 자력구제는 일반적 규정이 없고, 다만 점유권에서 점유침탈의 경우 자력방위권과 자력탈환권을 인정하고 있을 뿐이다〈제209조〉.

Answer　54.④　55.③　56.③　57.④　58.③

Chapter 02 권리의 주체

1 사단법인은 총회의 결의에 의하여 해산할 수도 있다. 다음 설명 중 틀린 것은?

① 조건부 해산결의도 할 수 있다.
② 총회 이외의 다른 기관이 해산결의를 할 수 있다는 정관의 규정은 무효이다.
③ 해산결의는 총 사원 4분의 3 이상의 동의를 요한다.
④ 해산결의의 정수는 정관에서 다르게 정할 수 있다.

> ADVICE » ① 제3자를 해할 우려가 있는 기한부 또는 조건부 해산은 할 수 없다는 것이 통설의 견해이다.

2 일반적으로 말하는 '능력'이란 무엇을 가리키는 것인가?

① 의사능력   ② 권리능력
③ 행위능력   ④ 책임능력

> ADVICE » 일반적으로 능력이라 할 때 이는 행위능력을 말하며, 제한능력이라고 하는 것은 행위제한능력을 말한다.

3 다음 중 권리능력에 관한 설명으로 옳은 것은?

① 권리능력이 있는 자는 모두 행위능력자이다.
② 권리능력에 관한 규정은 강행규정이다.
③ 법인이 해산하면 권리능력을 잃는다.
④ 실종선고로 자연인은 권리능력을 잃는다.

> ADVICE » 권리능력에 관한 규정은 강행규정으로 개인의 의사로써 그 적용을 배제하는 것은 인정되지 아니한다.

4 다음 중 피성년후견인선고에 대한 설명으로 틀린 것은?

① 피성년후견인선고에 대한 불복신청이 인정되면 피성년후견인선고는 취소되는데, 이 취소는 소급효를 갖지 않는다.
② 피성년후견인선고에 관하여 불복의 소가 있어도 그 확정을 기다리지 않고 피성년후견인선고 한 결정은 피성년후견인의 법정대리인이 그 송달을 받은 날로부터 효력이 생긴다.
③ 일정한 자는 피성년후견인선고에 대해 1주일 이내의 즉시항고로써 불복신청을 할 수 있다.
④ 법원은 피성년후견인선고의 요건이 구비된 때에는 결정으로 피성년후견인선고를 하여야 한다.

> ADVICE » ① 피성년후견인선고의 결정에 대한 불복신청으로 그 결정이 취소되면 선고의 효력은 소급효를 가진다. 단, 피성년후견인선고의 원인이 소멸한 때에는 피성년후견인선고의 취소는 소(訴)에 의하여 해야 하며 이때의 효과는 소급하지 않는다.

5 다음 중 부재자를 위하여 법원이 선임한 재산관리인의 권리·의무에 관한 설명으로 틀린 것은?

① 부재자 재산관리인은 보수청구권이 없다.
② 부재자 재산관리인은 과실 없이 받은 손해의 배상을 청구할 수 있다.
③ 부재자 재산관리인은 선량한 관리자의 주의의무가 있다.
④ 부재자 재산관리인은 관리할 재산의 목록을 작성해야 한다.

> ADVICE » ① 법원은 그 선임한 재산관리인에 대하여 부재자의 재산으로 상당한 보수를 지급할 수 있다〈제26조 제2항〉. 이 조항에 의하여 부재자 재산관리인은 보수청구권을 가지고 있다고 할 수 있다.

6 주소에 관한 설명으로 틀린 것은?

① 주소는 본적과 다르다.
② 법인도 주소를 갖는다.
③ 가주소도 있을 수 있다.
④ 주소는 한 곳밖에 없다.

> ADVICE » ④ 주소는 동시에 두 곳 이상 있을 수 있다〈제18조 제2항〉.

Answer   1.① 2.③ 3.② 4.① 5.① 6.④

7 권리능력에 대한 설명으로 옳은 것은?

① 권리능력에 관한 민법의 규정은 임의규정이다.
② 사람은 사람이기 때문에 당연히 권리능력을 가진다.
③ 법인이라는 개념이 생기기 전에도 단체가 일정한 범위 내에서 권리·의무의 주체가 되는 일이 있었다.
④ 민법에서의 단순히 능력이라고 하면 권리능력을 가리킨다.

> ADVICE » ① 권리능력 및 행위능력에 관한 규정은 그 시대의 사회사상을 기초로 하고 있는 것일 뿐만 아니라 사회의 거래관계에 직접 영향을 미치는 것이므로 모두 강행규정이다. 따라서, 권리능력 또는 행위능력은 개인의 의사로 좌우할 수 없다.
> ② 모든 사람에게 권리능력이 인정되는 것은 어디까지나 법에 의한 것이다.
> ④ 행위능력을 가리킨다.

8 다음 설명 중 옳은 것은?

① 5세 된 유아가 체결한 매매계약은 법률상 효력이 없다.
② 피성년후견인의 법률행위는 무효이나, 미성년자 및 피한정후견인의 법률행위는 취소할 수 있을 뿐이다.
③ 피한정후견인이나 미성년자가 단독으로 한 법률행위는 취소할 수 있을 뿐이며, 의사무능력을 이유로 무효를 주장할 수는 없다.
④ 의사제한능력자도 법정대리인의 동의를 얻어서 스스로 유효한 법률행위를 할 수 있다.

> ADVICE » ② 피성년후견인의 법률행위는 취소할 수 있다〈제10조〉.
> ③ 피한정후견인과 미성년자와 같은 행위제한능력자의 법률행위는 그의 행위능력 없음을 이유로 취소할 수도 있으나, 의사능력이 없음을 이유로 무효를 주장할 수도 있다.
> ④ 의사제한능력자는 법정대리인의 동의를 얻어도 유효한 법률행위를 할 수 없으며, 법정대리인의 대리에 의하는 수밖에 없다.

9 다음 중 옳은 것은?

① 미성년자는 타인의 대리인이 될 수 없다.
② 미성년자가 혼인하면 행위능력자가 된다.
③ 미성년자는 근로계약과 임금의 청구권도 법정대리인의 동의가 있어야 한다.
④ 우리나라 민법에는 성년선고제도가 있다.

> ADVICE ≫ ① 대리인은 행위능력자임을 요하지 아니한다〈제117조〉고 규정하고 있으므로, 미성년자도 타인의 대리인이 될 수 있다.
> ③ 미성년자는 단독으로 유효하게 근로계약의 체결 및 임금의 청구를 할 수 있다〈근로기준법 제67조, 제68조〉
> ④ 성년선고제도란 만 18세 이상이 된 미성년자에 대하여 법원이 본인과 부모의 동의하에 성년을 선고할 수 있는 제도를 말한다. 이 제도는 스위스 및 독일민법이 규정하고 있는데 우리 민법은 이를 채용하지 않는다.

10 다음 중 피성년후견인에 관한 설명으로 옳은 것은?

① 피성년후견인은 부모 또는 후견인의 동의를 얻어서 스스로 약혼을 할 수 있다.
② 피성년후견인이 후견인의 동의를 얻고 한 법률행위는 취소할 수 없다.
③ 피성년후견인에게는 법정대리인으로 친권자와 후견인이 있다.
④ 피성년후견인의 법률행위는 무효이다.

> ADVICE ≫ ② 피성년후견인의 법률행위는 취소할 수 있다〈제10조〉.
> ③ 피성년후견인의 법정대리인으로는 후견인만이 있다.
> ④ 피성년후견인의 법률행위는 무효가 아니고 취소할 수 있다.

Answer 7.③ 8.① 9.② 10.①

11 다음 설명 중 옳은 것은?

① 피한정후견인은 후견인의 동의를 얻어도 유효한 법률행위를 할 수 없다.
② 18세의 혼인한 미성년자의 법률행위는 유효하다.
③ 의사능력 없는 자의 법률행위는 취소할 수 있다.
④ 의사능력이 회복된 피성년후견인이 후견인의 동의를 얻어서 한 재산상의 법률행위는 취소하지 못한다.

> ADVICE » ① 피한정후견인은 원칙적으로 행위능력을 가지며 예외적인 경우에 미성년자와 같이 후견인의 동의를 얻어 유효한 법률행위를 할 수 있다.
> ③ 무효이다.
> ④ 피성년후견인의 재산상 법률행위는 후견인의 동의 유무를 묻지 아니하고 언제나 취소할 수 있다.

12 미성년자에 관한 설명으로 틀린 것은?

① 미성년자는 법정대리인의 동의를 얻어서 법률행위를 할 수 있다.
② 미성년자가 법정대리인으로부터 허락을 얻은 특정한 영업에 관해서는 성년자와 동일한 행위능력이 있다.
③ 법정대리인의 묵시적인 동의도 유효하다.
④ 법정대리인의 동의는 반드시 미성년자와 거래하는 상대방에게 해야 한다.

> ADVICE » ④ 동의는 미성년자에게 주어도 되고, 미성년자와 거래하는 상대방에 대하여 주어도 된다.

13 다음 중 권리능력이 없는 것은?

① 민법상의 조합
② 주식회사
③ 합명회사
④ 유한회사

> ADVICE » ① 민법상의 조합은 권리능력이 있는 법인이 아니며 계약관계에 불과하다.

14 법인의 대표권에 관한 설명으로 틀린 것은?

① 이사의 대표권 제한은 등기를 하여야 제3자에게 대항할 수 있다.
② 대표에 관하여 표현대리에 관한 규정은 적용되지 않는다.
③ 대표권의 행사를 포괄적으로 타인에게 위임할 수는 없다.
④ 법인과 이사의 이익이 상반하는 사항에 관하여는 이사의 대표권이 없다.

> **ADVICE** 》 ② 법인의 대표에 관하여는 무권대리·표현대리를 포함한 대리에 관한 규정을 준용한다〈제59조 제2항〉.

15 다음 중 법인의 불법행위로 인정되지 않는 것은?

① 이사의 불법행위
② 청산인의 불법행위
③ 임의대리인의 불법행위
④ 임시이사의 불법행위

> **ADVICE** 》 법인의 불법행위가 성립되려면 이사, 임시이사, 특별대리인, 청산인 등 대표기관의 행위가 있어야 한다. 사원총회, 감사, 지배인, 특정행위에 관한 임의대리인 등의 행위는 법인의 불법행위를 성립시키지 못한다.

16 다음 중 법인의 청산에 대한 설명으로 틀린 것은?

① 청산법인은 해산 전의 법인과는 별개의 인격자이다.
② 청산법인이 해산 전의 본래의 적극적인 사업을 행하는 것은 그의 권리능력의 범위를 벗어나는 것이 된다.
③ 청산법인은 청산의 목적범위 내에서만 권리가 있고 의무를 부담한다.
④ 청산 중 법인의 재산이 그 채무를 완제하기에 부족한 것이 분명하게 된 때에는 청산인은 지체 없이 파산선고를 신청하고 이를 공고하여야 한다.

> **ADVICE** 》 ① 청산법인은 해산 전의 법인과 별개의 인격자가 아니며, 그것과 동일성을 가진다.

Answer 11.② 12.④ 13.① 14.② 15.③ 16.①

17 다음 중 태아의 권리능력이 인정되지 않는 것은?

① 유증
② 손해배상의 청구
③ 유류분
④ 증여계약에 있어서의 수증

> ADVICE » 우리 민법은 개별적 보호주의를 취하여 불법행위로 인한 손해배상청구권·상속·대습상속·유증·유류분에 관하여는 예외적으로 태아에게 권리능력을 인정한다.

18 이사의 대표에 관하여 틀린 것은?

① 이사가 수인 있는 경우 사무집행은 과반수로써 결정함을 원칙으로 한다.
② 이사는 타인으로 하여금 특정한 행위를 대리하게 할 수 있다.
③ 이사가 수인 있는 경우에는 공동대표가 원칙이다.
④ 법인과 이사와의 이익이 상반하는 경우에는 대표권이 없다.

> ADVICE » ③ 이사는 법인의 사무에 관하여 각자 법인을 대표한다〈제59조 제1항〉. 즉, 이사의 대표권은 단독대표를 원칙으로 한다.

19 다음은 사단법인의 정관변경과 재단법인의 정관변경의 공통점이다. 틀린 것은?

① 목적변경이 가능하다.
② 정관변경 절차가 같다.
③ 변경사항이 등기사항인 경우에는 그 변경을 등기하여 제3자에게 대항할 수 있다.
④ 정관변경에 주무관청의 허가를 얻어야 한다.

> ADVICE » ② 사단법인과 재단법인의 정관변경 절차의 두드러진 차이는 사단법인에 있어서는 정관변경에 사원총회의 결의가 반드시 필요한 반면에, 재단법인에 있어서는 사원총회 자체가 존재하지도 않는다는 점이다.

20 태아에게 인정되지 않는 것은?

① 부양청구를 할 수 있는 지위
② 대습상속인이 될 수 있는 지위
③ 재산상속인이 될 수 있는 지위
④ 유증을 받을 수 있는 지위

> **ADVICE** 》 민법은 개별적 보호주의를 취하여 불법행위로 인한 손해배상청구권, 상속, 대습상속, 유증, 유류분(遺留分)에 관하여는 예외적으로 태아에게 권리능력을 인정한다.

21 다음 설명 중 틀린 것은?

① 자연인의 행위능력은 의사능력을 전제로 하여 주어진다.
② 권리능력자가 반드시 행위능력자는 아니다.
③ 의사능력을 가진 자만이 책임능력이 있다.
④ 의사능력이 있는 자는 모두 행위능력자이다.

> **ADVICE** 》 행위능력은 의사능력을 전제로 하기 때문에, 의사능력 없는 행위능력자는 존재하지 않는다. 그러나 행위능력제도가 의사능력을 일정한 기준에 의하여 획일화하여 그 기준에 해당하는 자는 의사능력의 유무를 불문하고 일률적으로 행위제한능력자로 하는 것이기 때문에, 의사능력이 있다 하더라도 그 기준에 해당하는 한 행위능력자로 될 수가 없다. 즉, 의사능력이 있다 하여 모두 행위능력자인 것은 아니며, 그 가운데에는 행위능력이 없는 자도 있다.

22 법인에 관한 다음 학설 중 법인실재설은?

① 수익자주체설
② 관리자주체설
③ 무주재산설
④ 조직체설

> **ADVICE** 》 법인실재설 … 법인이 권리능력의 주체가 되는 것은 개인이 권리능력의 주체가 되는 것과 마찬가지로 사회생활의 단위로서 실체를 갖기 때문이라는 설로 법인실재설에는 유기체설, 조직체설, 사회적 가치설(사회적 작용설) 등이 있다.

Answer 17.④ 18.③ 19.② 20.① 21.④ 22.④

23 다음 중 권리능력에 관한 설명으로 옳은 것은?

① 자연인의 권리능력은 사망 및 실종선고에 의하여 소멸한다.
② 법인은 재산권 외에 인격권도 향유할 수 있다.
③ 법인은 해산으로 권리능력을 상실한다.
④ 일반적으로 능력이라 하면 권리능력을 가리킨다.

> **ADVICE** ① 자연인의 권리능력은 사망에 의하여서만 소멸한다.
> ③ 법인의 해산으로 법인의 권리능력이 소멸하지 않으며, 청산에 필요한 한도로 제한될 뿐이다.
> ④ 단순히 능력이라고 하면 행위능력을 가리킨다.

24 다음 중 피한정후견인선고에 관한 설명으로 틀린 것은?

① 검사도 피한정후견인심판을 청구할 수 있다.
② 법원이 사건을 심판하는 경우에는 반드시 본인의 심신상태에 관하여 의사에게 감정을 시켜야 하나, 반드시 감정의견에 따라야 하는 것은 아니다.
③ 교육·종교·자선 등을 위하여 재산을 소비하는 자는 낭비자가될 수 있으며, 현행법에서도 한정후견개시심판대상이다.
④ 본인도 피한정후견인심판을 청구할 수 있다.

> **ADVICE** ③ 견해가 대립한다.

25 이사의 집행사무가 아닌 것은?

① 총회소집
② 파산선고의 청구
③ 사원명부의 작성
④ 총회 또는 주무관청에의 보고

> **ADVICE** ④ 감사의 직무이다.
> ※ 이사의 집행사무 … 재산목록의 작성, 사원명부의 작성, 사원총회의 소집, 총회의사록의 작성, 파산신청, 청산인이 되는 것, 등록 등을 들 수 있다.

26 제한능력자 상대방의 확답촉구권에 대한 설명으로 틀린 것은?

① 법정대리인이 특별한 절차를 밟아야 하는 경우에 유예기간 내에 그 특별절차를 밟은 확답을 하지 않으면 그 행위를 취소한 것으로 본다.
② 법정대리인이 특별한 절차를 밟지 않고서 단독으로 추인할 수 있는 경우의 유예기간 내에 최고에 대한 확답을 하지 않으면 추인한 것으로 본다.
③ 미성년자가 성년자로 된 후에 최고를 받고서 유예기간 내에 확답을 하지 아니하면 취소한 것으로 본다.
④ 최고를 받은 자의 확답은 유예기간 내에 발송하는 것으로 족하다.

ADVICE » ③ 미성년자가 성년자로 된 후에 최고를 받고서 유예기간 내에 확답을 하지 아니하면 그 행위를 추인한 것으로 본다.

27 다음 중 청산인에 관한 설명으로 옳지 않은 것은?

① 법인이 해산한 경우 청산인이 있는 때에는 법원이 청산인을 선임할 수 없다.
② 법인이 해산하면 이사는 그의 지위를 잃는다.
③ 정관 또는 총회의 결의로 청산인을 달리 정한 바가 없으면, 해산 당시의 이사가 청산인으로 된다.
④ 중요한 사유가 있을 때에는 법원은 직권으로 또는 이해관계인이나 검사의 청구에 의하여 청산인을 해임할 수 있다.

ADVICE » ① 청산인이 있더라도 후에 결원이 생겨 손해가 발생할 염려가 있는 때에는 법원은 직권으로 또는 이해관계인이나 검사의 청구에 의하여 청산인을 선임할 수 있다.

28 사단법인의 정관의 필요적 기재사항이 아닌 것은?

① 목적
② 존립시기
③ 명칭
④ 이사

ADVICE » 사단법인의 정관의 필요적 기재사항〈제40조〉… 목적·명칭·사무소의 소재지·자산에 관한 규정·이사의 임면에 관한 규정·사원자격의 득실에 관한 규정·존립시기나 해산의 사유를 정하는 때에는 그 시기나 사유 등이다.

Answer   23.② 24.③ 25.④ 26.③ 27.① 28.④

29 인격 없는 사단에 대한 설명이다. 틀린 것은?

① 각 구성원은 부담금을 포함한 모든 개인재산으로써 책임을 진다.
② 단체의 조직은 갖추고 있다.
③ 대표의 방법·총회의 운영 등 사단으로서의 성격이 정관에 의해 확정되어 있어야 한다.
④ 사단의 명의로 등기할 수 있다.

> ADVICE » ① 사단의 채무도 총 사원에게 총유적으로 귀속하므로 그 채무에 대하여 채무를 지는 것은 사단뿐이며, 각 구성원은 부담금 이외의 개인재산으로써 책임을 지지 않는다.

30 다음 중 재단법인의 출연재산의 귀속시기에 관한 설명으로 틀린 것은?

① 생전처분으로 재단법인을 설립하는 때에는 출연재산의 귀속시기는 법인의 성립시기에 법인의 재산으로 본다.
② 유언으로 재단법인을 설립하는 때에는 유언의 효력이 발생한 때로부터 법인에 귀속한다.
③ 민법 제48조를 동법 제187조의 '기타의 법률의 규정'으로 보아 등기나 인도 없이 물권은 당연히 설립등기를 한 때 또는 설립자의 사망시에 법인에 귀속한다 함이 판례의 태도이다.
④ 대법원 판례는 재산출연자와 법인간에 있어서는 등기를 필요로 하지 않고 법인과 제3자의 관계에 있어서는 민법 제186조의 원칙으로 돌아가 등기가 법인 앞으로 이전되어야만 제3자에 대항할 수 있다고 판시하였다.

> ADVICE » ③ 다수설의 태도이다.

31 법인의 기관에 관한 설명으로 옳지 않은 것은?

① 이사는 법인의 필수상설기관이다.
② 이사는 법인사무에 관하여 단독대표를 원칙으로 한다.
③ 감사는 반드시 두어야 하는 것이 아니다.
④ 사단법인의 최고 의사결정기관은 이사이다.

> ADVICE » ④ 사단법인의 최고 의사결정기관은 이사가 아니고 사원총회이다.

32 권한이 불분명한 부재자의 재산관리인이 할 수 없는 것은?

① 가옥의 수선
② 기한이 도래한 채무의 변제
③ 가옥의 매각
④ 부패하기 쉬운 물건의 매각

> **ADVICE** » 권한이 불분명한 부재자의 재산관리인이 할 수 있는 행위는 보존행위, 이동행위, 권한이 도래한 채무의 변제, 부패하기 쉬운 물건의 처분 등이 있으며 처분행위는 하지 못한다.

33 다음 중 법인의 적용법규에 관한 내용으로 틀린 것은?

① 민법의 법인에 관한 규정이 주로 그 대상으로 하는 것은 비영리법인이다.
② 비영리사단법인과 비영리재단법인에 대하여는 민법이 적용된다.
③ 민사회사는 비영리법인이다.
④ 민사회사에 대해서는 주로 상법이 적용된다.

> **ADVICE** » ③ 민사회사는 영리행위를 목적으로 하는 영리사단법인이다.

34 다음 중 연결이 잘못된 것은?

① 변호사회 – 강제주의
② 중소기업협동조합 – 허가주의
③ 의사회 – 인가주의
④ 중소기업은행 – 특허주의

> **ADVICE** » ② 중소기업협동조합, 변호사회, 의사회, 약사회, 상공회의소, 농업협동조합, 수산업협동조합 등은 인가주의에 의하여 설립된 법인이다(변호사회와 약사회는 강제주의적 성격도 동시에 지님).

Answer 29.① 30.③ 31.④ 32.③ 33.③ 34.②

35 사원총회에 관한 설명으로 틀린 것은?

① 사원으로 구성되는 최고 의사결정기관이다.
② 사원총회는 임시총회와 통상총회가 있다.
③ 이사는 임시사원총회를 소집할 수 있다.
④ 감사는 사원총회를 소집하지 못한다.

> **ADVICE** » ④ 감사도 이사와 같이 필요하다고 인정하는 때에는 사원총회(임시총회)를 소집할 수 있다〈제67조〉.

36 다음 중 법인의 이사에 관한 설명으로 옳은 것은?

① 법인은 이사를 둘 수 있다.
② 이사는 항상 타인으로 하여금 특정한 행위를 대리하게 할 수 있다.
③ 임시이사는 이사가 결원이 생긴 경우에만 선임할 수 있다.
④ 법인과 이사의 이익이 상반하는 경우에는 이해관계인 또는 검사의 청구에 의하여 특별대리인을 선임하여야 한다.

> **ADVICE** » ① 법인은 이사를 반드시 두어야 한다.
> ② 정관 또는 총회의 결의로 금지하지 않은 사항에 한하여 대리하게 할 수 있다〈제62조〉.
> ③ 임시이사는 이사에 결원이 생긴 경우 외에 이사가 전혀 없게 된 경우에도 선임할 수 있다.

37 다음 중 법인의 해산에 관한 설명으로 옳은 것은?

① 법인이 파산으로 되려면, 지급불능을 요한다.
② 민법은 파산신청권자로서 감사와 대리권자를 규정하고 있다.
③ 목적의 달성이 불능한 경우라도 정관을 변경함으로써 법인이 재생할 수 있다.
④ 법인의 설립허가가 취소되면 법인은 소급적으로 권리능력을 상실한다.

> **ADVICE** » ① 법인의 파산원인은 채무초과를 요한다.
> ② 민법은 파산신청자로서 이사만을 규정하고 있다.
> ④ 법인의 설립허가취소는 소급효가 없다.

38 다음 중 설명이 틀린 것은?

① 권리능력과 행위능력에 관한 규정은 강행규정이다.
② 권리능력이 있는 자는 자연인과 법률에서 인정한 법인뿐이다.
③ 태아에게는 원칙적으로 권리능력이 없다.
④ 자연인의 권리능력은 사망에 의해서만 소멸되고, 이에 대해서는 예외가 없다.

> **ADVICE》** ② 권리능력이 있는 자는 자연인과 법인뿐만 아니라 법률에서 정한 범위 내의 태아도 포함된다.

39 법인에 대한 설명으로 틀린 것은?

① 사원총회는 사단법인에서는 필수기관이지만, 재단법인에서는 임의기관이다.
② 민법상의 법인에 있어서 감사는 임의기관이다.
③ 재단법인이나 사단법인은 모두 이사를 두어야 한다.
④ 법인실재설은 기관을 법인의 구성부분으로 본다.

> **ADVICE》** ① 사단법인에서는 이사와 사원총회가, 재단법인에서는 이사가 필수기관이며 재단법인에는 사원이 없으므로 사원총회가 있을 수 없다.

40 다음 중 사단법인의 해산사유가 아닌 것은?

① 총회에서 총 사원의 3분의 2 이상으로써 해산의 결의를 한 경우
② 목적의 달성
③ 법인의 설립허가가 취소된 경우
④ 사원이 한 사람도 존재하지 않게 된 경우

> **ADVICE》** ① 사단법인은 총 사원 4분의 3 이상의 동의가 없으면 해산을 결의하지 못한다. 그러나 정관에 다른 규정이 있을 때에는 그 규정에 의한다〈제78조〉.

Answer 35.④ 36.④ 37.③ 38.② 39.① 40.①

41 다음 중 실종선고가 취소된 경우의 내용으로 틀린 것은?

① 실종선고로 인하여 상속을 받은 자가 선의인 경우에는 그 재산을 반환할 의무가 없다.
② 실종선고로 인하여 직접 취득한 재산에 관하여 시효취득의 요건을 갖추었으면 악의의 경우라도 반환할 의무가 없다.
③ 취소의 효과는 원칙적으로 실종선고시로 소급한다.
④ 취소의 효과는 모든 사람에 대하여 발생한다.

ADVICE » ① 실종선고가 취소되면 실종선고를 직접원인으로 하여 재산을 취득한 자는 선의의 경우에는 그 받은 이익의 현존하는 한도 내에서 반환해야 한다. 그러나 악의인 경우에는 그 받은 이익에 이자를 붙여서 반환해야 하고 그 밖에 손해가 있으면 그것도 배상해야 한다〈제29조 제2항〉.

42 제한능력자 상대방의 철회권·거절권에 대한 설명으로 틀린 것은?

① 거절권을 행사할 수 있는 단독행위에 상대방 없는 단독행위는 포함되지 않는다.
② 다수설은 제한능력자의 상대방이 단독행위의 의사표시를 수령할 때 표의자가 제한능력자임을 알고 있었을 때에도 상대방이 거절권을 행사할 수 있다고 해석한다.
③ 제한능력자의 상대방이 계약 당시에 제한능력자임을 알았을 때에는 철회권은 인정되지 않는다.
④ 제한능력자의 단독행위에 있어서 제한능력자의 상대방은 제한능력자측에서 추인을 한 후에도 거절할 수 있다.

ADVICE » ④ 제한능력자측의 추인이 있기 전에 한하여 거절할 수 있을 뿐이다〈제16조 제2항〉.

43 미성년자가 법정대리인의 동의 없이 단독으로 유효한 행위를 할 수 없는 경우는?

① 증여를 받는 일
② 법정대리인이 학비로 쓰라고 준 금전으로 책을 사는 일
③ 법정대리인의 허락을 얻어 문방구점을 경영하면서 점포로 사용할 건물을 임차하는 일
④ 법정대리인이 범위를 정하여 준 금전을 가지고 여행하는 일

ADVICE » ① 증여 중 부담있는 증여를 받는 행위는 미성년자가 단독으로 유효하게 하지 못한다.

44 제한능력자와 거래한 상대방이 제한능력자측에 대하여 행할 수 있는 '확답촉구'는 법률사실의 용태상의 분류로서 다음 어떠한 것과 유사한가?

① 가공
② 무주물선점
③ 제한능력자의 단독행위에 대한 거절
④ 채권양도의 통지

> **ADVICE** » ③ 제한능력자의 단독행위에 대한 거절은 준법률행위 중 의사의 통지이다.

45 다음 중 제한능력자의 행위의 취소에 대한 설명으로 틀린 것은?

① 제한능력자 자신도 법정대리인의 동의 없이 한 행위를 스스로 취소할 수 있다.
② 제한능력자의 행위는 선의의 제3자에게는 대항할 수 없다.
③ 제한능력자가 한 법률행위를 취소한 경우에 이미 이행한 부분은 부당이득으로 반환하여야 한다.
④ 제한능력자의 법률행위가 취소되면 그 효력은 소급적으로 소멸된다.

> **ADVICE** » ② 제한능력자의 법률행위 취소의 효과는 절대적이며 선의의 제3자에 대해서도 대항할 수 있다.

46 다음 중 피성년후견인이 의사능력을 회복한 이상 단독으로 할 수 있는 것은?

① 약혼
② 유언
③ 협의이혼
④ 협의파양

> **ADVICE** » 만 17세 이상이면 유언을 할 수 있으며〈제1061조〉, 피한정후견인과 피성년후견인도 유언에 관하여는 법정대리인의 동의가 필요없다〈제1062조〉.

Answer 41.① 42.④ 43.① 44.③ 45.② 46.②

47 주소의 효과에 관한 설명으로 틀린 것은?

① 상속의 개시지
② 어음행위의 장소
③ 부재자 및 실종의 표준
④ 출생신고지

　　ADVICE 》 주소의 법률적 효과는 ①②③ 이외에 재판관할의 표준, 국제사법의 준거법 결정표준, 귀화 및 국적회복의 요건 등이 있다.

48 법인의 이사에 관한 설명으로 틀린 것은?

① 이사는 선량한 관리자의 주의의무를 진다.
② 자연인뿐만 아니라 법인도 이사가 될 수 있다.
③ 이사의 대표권은 단독대표를 원칙으로 한다.
④ 사단법인의 이사가 수인인 경우 법인의 사무집행은 과반수로 정한다.

　　ADVICE 》 ② 이사가 될 수 있는 것은 성질상 자연인에 한하며, 법인은 이사가 될 수 없다.

49 다음 중 권리능력에 대한 설명으로 옳지 않은 것은?

① 사자는 권리능력이 없다.
② 태아의 권리능력은 예외적으로 인정된다.
③ 출생의 시기에 관하여 진통설이 통설이다.
④ 사람은 생존하는 동안 권리능력을 갖는다.

　　ADVICE 》 ③ 사람의 출생시기에 관하여 형법에서는 진통설이 통설이나 민법에서는 전부노출설이 통설이다.

50 능력에 관한 설명으로 옳지 않은 것은?

① 책임능력과 불법행위능력은 동질의 것이다.
② 권리능력과 의무능력은 이질의 것이다.
③ 보통 무능력이라고 하는 경우는 행위무능력을 가리킨다.
④ 의사능력과 책임능력은 동질의 것이다.

ADVICE » ①④ 의사능력이란 사물에 대한 정신적인 변별능력, 판단능력을 의미한다. 이는 개개의 행위를 함에 있어서 자신의 행위의 의미나 결과를 정상적이고 합리적으로 판단할 수 있는 지적 능력을 말하며 이를 책임의 면에서 바라본 개념이 책임능력, 불법행위능력이다.
② 권리능력은 일반적으로 의무능력을 뜻하기 때문에 권리능력과 의무능력은 동질의 것이다.

51 甲은 운전과실로 임산부 乙을 치어 임신 7개월 된 태아가 사산되고 말았다. 이 경우 태아가 입은 손해에 대한 甲의 배상책임에 대하여 다음 중 가장 타당한 것은?

① 정지조건설에 의한 경우에 한하여 甲은 배상책임을 지게 된다.
② 문제의 사실이 생긴 때로부터 태아는 권리능력을 갖는다는 해제조건설에 의한 경우에 甲은 배상책임을 지게 된다.
③ 우리 민법상 태아에게 불법행위로 인한 손해배상청구권은 인정되지 않으므로 甲은 배상책임을 지지 않는다.
④ 어느 견해를 취하든 태아가 사산된 경우에는 태아의 권리능력이 발생할 여지가 없으므로 甲은 태아가 입은 손해에 대하여 배상책임을 지지 않는다.

ADVICE » 판례의 입장인 정지조건설에 의하면, 살아서 출생할 경우 법률원인이 발생한 때로부터 소급하여 태아에게 권리능력이 인정되며, 다수설인 해제조건설에 의하면, 법률원인 발생시부터 태아는 권리능력을 취득하지만 사산일 경우에 한하여 권리능력이 소멸한다. 설문의 경우에는 어느 견해를 취하든 사산된 것이므로 권리능력을 취득하는 것이 아니고, 따라서 甲은 배상책임이 없다.

Answer 47.④ 48.② 49.③ 50.② 51.④

52 제한능력자제도에 관한 다음 설명 중 옳지 않은 것은?

① 제한능력자의 보호에 주된 목적이 있다.
② 신분상의 행위에는 원칙적으로 적용되지 않는다.
③ 불법행위에 대해서도 인정된다.
④ 제한능력자제도에 관한 규정은 강행규정이다.

> ADVICE » 제한능력자제도는 재산법 관계에만 적용되며 공법상 행위에도 적용이 없다. 따라서 가족법상 신분행위나 불법행위 등에는 적용되지 않는다.

53 제한능력자의 법정대리인에 관한 설명으로 옳지 않은 것은?

① 법정대리인의 수는 언제나 1인이다.
② 피성년후견인의 법정대리인도 취소권을 갖는다.
③ 피한정후견인의 법정대리인은 동의권 행사가 인정되지 않는 경우가 있다.
④ 법정대리인은 그 동의에 대한 철회권을 갖는다.

> ADVICE » ① 미성년자의 법정대리인은 제1차로 친권자이다. 이때 부모가 공동의 대리인이 된다. 따라서 대리인의 수는 언제나 1인인 것은 아니다.
> ② 피성년후견인의 법정대리인은 동의권은 갖지 못하나, 피성년후견인의 법률행위를 언제나 취소할 수 있다.
> ③ 피한정후견인의 행위능력은 미성년자의 행위능력과 동일하다. 따라서 특정의 행위는 이를 단독으로 할 수 있으므로, 이 범위에서 그의 법정대리인의 동의권 행사는 인정되지 않는다.
> ④ 법정대리인은 미성년자가 아직 법률행위를 하기 전에는 그가 미성년자의 법률행위에 대하여 해준 동의나 재산처분의 허락을 취소(철회)할 수 있다〈제7조〉.

54 부재자를 위하여 법원이 선임한 재산관리인의 권리의무에 관한 설명 중 옳지 않은 것은?

① 부재자 재산관리인은 선량한 관리자의 의무가 있다.
② 부재자 재산관리인은 과실 없이 받은 손해배상을 청구할 수 있다.
③ 부재자 재산관리인은 재산목록을 작성할 의무를 진다.
④ 법원은 그 선임한 재산관리인에 대하여 부재자의 재산을 보호하기 위하여 필요한 처분을 명할 수 없다.

> **ADVICE** ④ 법원은 그 선임한 재산관리인에 대하여 부재자의 재산을 보존하기 위하여 필요한 처분을 명할 수 있다〈제24조 제2항〉.

55 甲은 1981년 5월 31일자로 행방불명되었고, 35세된 甲의 장남 乙이 1999년 5월 1일에 실종선고를 청구하여 2000년 1월 5일에 가정법원이 실종선고를 하였다. 乙은 10억대의 토지를 상속하여 사업하다가 무일푼이 되었다. 이 경우의 법률관계에 대한 설명 중 옳은 것은?

① 甲은 1986년 6월 2일에 사망으로 추정된다.
② 실종선고청구를 극력 반대하는 甲의 부모 몰래 乙이 실종선고를 청구하였는 바, 선고의 효과는 甲의 부모에게도 발생한다.
③ 甲의 자매가 있는 경우, 그도 법률상 이해관계인으로 실종선고 청구권자이다.
④ 甲이 생환하여 실종선고를 취소하면 취소의 효과는 소급효를 가지므로 乙은 상속한 10억원을 반환하여야 한다.

> **ADVICE** ① 甲은 1986년 5월 31일 24시에 사망으로 간주된다.
> ③ 甲의 자매는 법률상 이해관계인에 해당되지 않는다.
> ④ 乙이 선의인 경우에는 현존이익만을 반환하면 되고, 악의인 경우에는 받은 이익에 이자를 붙여서 반환하고 손해가 있으면 이를 배상하여야 한다.

Answer 52.③ 53.① 54.④ 55.②

56 다음 중 부재자에 관한 설명으로 옳지 않은 것은?

① 외국에 유학하고 있으나 그의 재산을 국내에 있는 사람을 통하여 직접 관리하는 자는 부재자가 아니다.
② 부재자는 명백히 생존하고 있는 자만을 가리키며, 생사불명자는 실종선고의 대상이 될 뿐이다.
③ 법인에게는 부재자에 관한 규정이 적용되지 않는다.
④ 부재자의 재산관리에 관한 사항은 가정법원이 관할한다.

ADVICE》 ① 판례는 부재자는 종래의 주소지를 떠나서 당분간 귀환가능성이 없는 자를 말하지만, 이때 실질적으로는 그 종래 주소지의 재산이 제대로 관리되지 못하고 있다는 요건이 존재하여야 하므로 외국에 유학하고 있더라도 그의 소유재산을 국내에 있는 사람을 통하여 직접 관리하고 있는 사실이 인정되는 때에는 부재자라고 할 수 없다고 판시하였다.
② 부재자이기 위하여는 생사불명을 요하지 않으므로 생존하고 있는 것이 명백한 자도 부재자일 수 있으나, 생사불명의 자라도 실종선고를 받을 때까지는 부재자이다.

57 동시사망에 관한 설명으로 옳은 것은?

① 동일한 위난이란 반드시 동일한 장소의 위난일 것을 요한다.
② 동시에 사망한 것으로 추정한다.
③ 사망시기가 확인된다 해도 반증으로 번복할 수 없다.
④ 동시사망을 추정받기 위하여는 이해관계인 또는 검사의 청구에 의한 법원의 선고가 필요하다.

ADVICE》 ① 반드시 동일한 장소의 위난일 필요는 없고 시간적으로 동일함을 의미한다고 해석함이 일반적이다.
③ 사망의 시기가 판명되면 반증으로 동시사망 추정은 번복된다.
④ 실종선고와는 달리 이해관계인 등의 청구도 필요없고 법원의 선고에 의하여 추정되는 것도 아니다.

58 실종선고취소의 효과에 관한 설명 중 옳지 않은 것은?

① 실종선고가 취소되면 실종선고로 생긴 법률관계는 소급적으로 무효가 된다.
② 실종선고 후 그 취소 전에 선의로 한 상속인의 재산처분행위는 실종선고가 취소되어도 유효하다.
③ 여기서의 선의는 통설·판례에 의하여 당사자 쌍방 모두 선의인 것을 의미한다.
④ 실종선고의 취소가 있을 때 실종의 선고를 직접원인으로 하여 재산을 취득하는 자가 선의인 경우에는 반환 의무가 없다.

ADVICE » ④ 실종선고의 취소가 있을 때 실종의 선고를 직접원인으로 하여 재산을 취득하는 자가 선의인 경우에는 그 받은 이익이 현존하는 한도에서 반환할 의무가 있다〈제29조 제2항〉.

59 실종선고를 취소한 경우에 관한 설명 중 옳지 않은 것은?

① 취소의 효과는 모든 사람에 대하여 발생한다.
② 취소의 효과는 원칙적으로 실종선고에 소급한다.
③ 실종선고 후 그 취소 전에 선의로 한 행위는 취소로 인하여 그 효력에 영향을 받지 않는다.
④ 실종선고 후 그 취소 전에 한 상속인의 재산처분행위는 실종선고가 취소되면 무효가 된다.

ADVICE » ④ 실종선고 후 그 취소 전에 선의로 한 행위(재혼행위, 상속재산처분행위)는 실종선고의 취소로 영향을 받지 않는다.

Answer 56.② 57.② 58.④ 59.④

60 실종기간의 기산점에 관한 설명 중 옳지 않은 것은?

① 보통실종의 경우는 부재자의 최후의 소식이 있었을 때
② 선박실종의 경우는 선박이 침몰한 때
③ 위난실종은 위난이 종료한 때
④ 전쟁실종은 강화조약이 체결된 때

> **ADVICE** » ④ 전쟁실종의 기산점은 강화조약의 체결시가 아니라 사실상 전쟁이 끝나는 때, 즉 항복선언이나 정전 또는 휴전선언이 있는 때를 표준으로 한다(통설).

61 권리능력 없는 사단에 관한 설명으로 틀린 것은?

① 권리능력 없는 사단의 사원의 권리와 의무는 사원의 지위를 취득·상실함에 따라 취득·상실된다.
② 종중의 법적 성격이 권리능력 없는 사단인 이상 어떤 종중이 종중으로서 존재하려면 사단의 실체를 갖추어야 하므로 종중규약이나 대표자가 없는 종중은 종중유사의 단체일지언정 고유의미의 종중은 아니다.
③ 권리능력 없는 사단도 사회적으로 독립한 존재이므로 명예권, 성명권, 재산권을 향유할 수 있다.
④ 하나의 교회가 2개의 교회로 분열된 경우, 특별한 사정이 없으면 교회의 법률적 성질이 권리능력 없는 사단이므로 종전의 교회재산은 분열 당시 교인들의 총유에 속하기 때문에 분열 후 각 교회의 교인들은 모두 각자 종전의 교회건물을 사용·수익할 수 있다.

> **ADVICE** » ② 종중은 종족의 자연적 집단이므로 특별한 조직행위를 요하는 것이 아니고 종중규약이나 독자적인 족보가 있어야 하는 것은 아니나 특별한 규약에 의하여 선임된 대표자 또는 관습에 따라 종중에 의하여 소집된 종중회의에서 선출된 대표자 등에 의하여 대표되는 정도로 현저한 조직을 갖추고 지속적인 활동을 하고 있다면, 비법인사단으로서 단체성이 있다(대판 1983. 4.12, 83도195).

62 법인에 관한 다음 설명 중 옳은 것은?

① 사단법인과 재단법인의 이사는 사원이다.
② 재단법인에는 재산이 출연되지만, 사단법인에는 재산이 출연될 수 없다.
③ 사단법인은 비영리법인이나 재단법인은 영리법인이다.
④ 재단법인과 사단법인의 성립시기는 공히 설립등기시이다.

> **ADVICE** ① 이사는 법인의 상설적 필수기관이다.
> ② 재단법인의 경우 재산의 출연이 필수적이지만, 사단법인의 경우에는 그러하지 아니하다.
> ③ 영리법인은 본질적으로 사단법인이어야 하고 비영리법인은 사단법인과 재단법인 둘다 가능하다.

63 법인실재설과 법인의제설의 차이점에 관한 설명으로 옳지 않은 것은?

① 실재설은 법인 자신의 불법행위를 인정하지만, 의제설은 이를 부정한다.
② 실재설에서는 우리 민법 제35조를 당연한 규정으로 보나, 의제설은 이를 예외규정·정책규정으로 본다.
③ 실재설은 법인의 불법행위에 관하여 이사 개인의 배상책임을 부인하고, 의제설에서는 이를 긍정한다.
④ 실재설은 법인의 이사를 법인의 기관이라 하고, 의제설은 법인의 대리인이라 한다.

> **ADVICE** ③ 실재설이나 의제설이나 법인과 이사의 책임을 함께 묻는데 있어서는 아무런 차이도 존재하지 않는다. 즉, 이사 개인에 대한 책임을 인정하는데 아무런 제한이 없으며 실재설에 있어서도 이사 개인의 배상책임은 부정되지 않는다.

Answer 60.④ 61.② 62.④ 63.③

64 다음 중 판례상 권리능력 없는 사단에 해당하지 않는 것은?

① 종중
② 교회
③ 천주교회
④ 사찰

> **ADVICE** 》 권리능력 없는 사단 … 비영리법인으로서 실체는 있으나 주무관청의 허가나 법인등기를 하지 않아 법인격이 없는 단체를 말한다. 문중, 종중, 교회, 자연부락, 종단에 사찰 등록을 마친 일반 사찰 등이 이에 해당한다.
> ③ 대판 1967.12.26, 67다591

65 재단법인의 설립에 관한 설명 중 옳지 않은 것은?

① 생전처분으로 재단법인을 설립하는 때는 증여에 관한 규정을 준용한다.
② 유언으로 재단법인을 설립하는 때는 유언의 방식에 따라야 한다.
③ 재단법인 설립행위는 불요식행위이다.
④ 유언으로 재단법인을 설립하는 때는 출연재산은 유언의 효력이 발생한 때로부터 법인에 귀속한 것으로 본다.

> **ADVICE** 》 ③ 재단법인을 설립하고자 할 때에는 일정한 재산을 출연하고 정관을 작성하여야 하므로 요식행위라고 볼 수 있다.

66 법인의 정관변경에 관한 설명으로 옳지 않은 것은?

① 사단법인의 정관은 총사원 3분의 2 이상의 동의가 있는 때에 한하여 이를 변경할 수 있다.
② 비영리법인을 영리법인으로 변경할 수 있다.
③ 정관의 변경은 주무관청의 허가를 얻지 아니하면 그 효력이 없다.
④ 재단법인의 정관은 그 변경방법을 정관에 정한 때에 한하여 변경할 수 있다.

> **ADVICE** 》 ② 비영리법인을 영리법인으로 변경하는 것은 동일성을 벗어난 것이므로 무효이다.

67 법인의 불법행위에 대한 설명 중 옳은 것은?

① 피해자는 법인에 대해서만 손해배상청구권이 있고, 법인은 가해이사에 대해 청구권을 가진다.
② 이사의 행위는 곧 법인의 행위로서 이사의 책임은 민법의 책임 속에 포함되므로 가해이사에게는 책임을 물을 수 없다.
③ 피해자는 가해이사 또는 법인에 대하여 선택적으로 손해배상청구권을 행사할 수 있다.
④ 가해이사의 배상능력의 결여를 조건으로 피해자는 법인에게 배상을 청구할 수 있다.

> **ADVICE** ③ 법인의 기관과 법인에게 선택적으로 청구할 수 있다고 보는 것이 통설이다.

68 다음 사원권의 내용 중 공익권이 아닌 것은?

① 설비이용권   ② 결의권
③ 소수사원권   ④ 업무집행권

> **ADVICE** 사원권
> ㉠ 공익권 : 결의권, 소수사원권, 업무집행권, 감독권 등
> ㉡ 자익권 : 이익배당청구권, 잔여재산분배청구권, 설비이용권 등

69 사단법인의 사원총회에 관한 설명으로 옳지 않은 것은?

① 사원은 대리인으로 하여금 결의권을 행사할 수 있다.
② 결의권평등의 원칙은 정관으로서도 이를 변경할 수 없다.
③ 사원총회의 전권사항은 정관변경과 임의해산이다.
④ 소수사원권은 사단법인의 근본질서에 관한 규정으로서 총회의 결의로서도 박탈할 수 없다.

> **ADVICE** 제73조(사원의 결의권) … 각 사원의 결의권은 평등으로 한다〈제1항〉. 사원은 서면이나 대리인으로 결의권을 행사할 수 있다〈제2항〉. 전2항의 규정은 정관에 다른 규정이 있는 때에는 적용하지 아니한다〈제3항〉.

Answer 64.③ 65.③ 66.② 67.③ 68.① 69.②

70 법인의 감독에 관한 설명 중 옳은 것은?

① 업무감독은 설립허가를 준 주무관청이, 해산과 청산은 법원이 각각 담당한다.
② 업무감독뿐만 아니라 해산과 청산 모두 주무관청이 담당한다.
③ 업무감독은 설립허가를 준 주무관청이 하고, 해산과 청산은 따로 감독하지 않는다.
④ 업무감독뿐만 아니라 해산과 청산 모두 감독법원이 담당한다.

> **ADVICE** » 법인의 감독 … 법인이 설립된 이후에 법인의 사무는 주무관청의 검사·감독을 받도록 하고 있으며, 법인의 해산 및 청산은 법원이 검사·감독한다.

71 청산인에 관한 설명으로 옳지 않은 것은?

① 청산인은 타인으로 하여금 특정한 행위를 대리하게 할 수 있다.
② 청산인의 직무로는 현존사무의 종결, 채권의 추심 및 채무의 변제, 잔여재산의 인도 등이 있다.
③ 법인이 해산한 때에는 파산의 경우를 제하고는 이사가 청산인이 된다.
④ 청산인은 알고 있는 채권자를 청산으로부터 제외할 수 있다.

> **ADVICE** » ④ 청산인은 알고 있는 채권자에게 대하여는 각각 그 채권신고를 최고하여야 한다. 알고 있는 채권자는 청산으로부터 제외하지 못한다〈제89조〉.

72 다음 설명 중 옳지 않은 것은 모두 몇 개인가?

> ㉠ 영리법인은 항상 사단법인이고 그 설립은 준칙주의에 의한다.
> ㉡ 권리능력 없는 사단에는 종중, 교회, 동, 리 등을 들 수 있다.
> ㉢ 법인도 재산권을 취득할 수 있으므로 재산상속은 가능하다.
> ㉣ 노동조합, 협동조합, 수리조합은 법인이 아니다.
> ㉤ 특별대리인은 이사의 대리인이다.
> ㉥ 법인은 해산으로 권리능력을 상실한다.

① 1개
② 2개
③ 3개
④ 4개

ADVICE » ㉢ 상속은 자연인만이 가능하다.
㉣ 모두 사단법인의 성질을 갖는다.
㉤ 특별대리인은 법인의 기관이다.
㉥ 법인의 해산은 권리능력을 상실시키는 것이 아니라 청산의 범위 내로 제한된다.

Chapter 03 권리의 객체

1 물건의 분류에 대한 설명으로 옳은 것은?

① 가분물·불가분물의 구별에 있어 당사자의 의사에 의하여 가분물을 불가분물로 다루게 되는 경우는 없다.
② 대체물·부대체물은 당사자의 의사에 기한 주관적인 구별이다.
③ 특정물·불특정물의 구별은 물건의 구별이라기보다는 거래방법의 구별이라고 할 수 있다.
④ 불융통물이 융통물로 될 수는 없다.

> **ADVICE** ① 당사자의 의사에 의하여 가분물을 불가분물로 다루게 되는 경우도 있다.
> ② 대체물·부대체물은 일반거래상 물건의 개성이 중요시되느냐의 여부에 의한 일반적·객관적 구별이다.
> ④ 불융통물 가운데 공용물·공공용물은 공용폐지 후에는 융통물로 된다.

2 다음 중 주물·종물에 대한 설명으로 옳은 것은?

① 부동산은 종물이 될 수 없다.
② 종물은 주물의 처분에 따른다는 법 제100조 제2항의 규정은 강행규정이다.
③ 일시적으로 어떤 물건의 효용을 돕고 있는 것도 종물이 된다.
④ 종물도 물건이다.

> **ADVICE** ① 우리 민법은 종물을 동산에 한정하지 않았으므로, 부동산도 종물이 될 수 있다.
> ② 제100조 제2항의 규정은 임의규정으로 당사자의 특약에 의해 배제할 수 있다.
> ③ 종물은 주물의 상용에 공하는 것, 즉 사회관념상 계속하여 주물의 경제적 효용을 다하게 하는 작용을 하는 것이어야 한다.

3 종물의 요건에 관한 내용으로 틀린 것은?

① 종물이 되려면 주물에 부속된다고 인정되는 정도의 장소적 관계에 있어야 한다.
② 동산뿐만 아니라 부동산도 종물이 될 수 있다.
③ 주물과 종물은 독립된 물건이 아니라도 무방하다.
④ 종물은 주물의 상용에 공하여야 한다.

> ADVICE » ③ 종물은 주물의 구성부분이 아니며 주물의 경제적 효용을 돕기 위하여 경제적으로 부속되어 있는 것에 불과하므로, 법률상 독립한 물건이어야 한다.

4 민법상 물건인 것은?

① 인체에 부착된 의수
② 시체
③ 공기
④ 저작물의 이익

> ADVICE » ① 의치·의수 등도 신체에 부착되어 있는 한 신체의 일부이며, 물건이 아니다.
> ③ 공기와 같이 누구나 자유롭게 지배·이용할 수 있는 것은 물건이 아니다.
> ④ 발명·저작 등의 비유체적 이익은 물건에 포함되지 못한다.

5 다음 중 주물과 종물의 관계에 있는 것은?

① 건물과 난로
② 공장과 공장 내 석유
③ 가옥과 책상
④ 농장과 농기구

> ADVICE » ①③ 난로와 책상은 가옥 또는 건물 자체의 효용과는 직접적인 관계가 없다.
> ② 석유는 공장의 일시적인 효용을 돕는 것에 불과하다.

Answer   1.③ 2.④ 3.③ 4.② 5.④

6 다음 중 민법상 물건이 아닌 것은?

① 에너지　　　　　　　② 원자력
③ 권리　　　　　　　　④ 분리된 치아

ADVICE 》 물건의 요건
　㉠ 유체물이거나 관리가능한 자연력이어야 한다.
　㉡ 배타적 지배가 가능하여야 한다.

7 권리의 객체에 대한 설명 중 틀린 것은?

① 사람은 어느 경우에도 권리의 객체가 될 수 없다.
② 민법총칙은 권리의 객체로서 물건에 관하여만 통칙적 규정을 두고 있다.
③ 권리의 객체는 권리의 종류에 따라 다르다.
④ 권리의 객체란 권리의 대상이 되는 것을 의미한다.

ADVICE 》 ① 인격권에 있어서는 권리주체 자신이, 친권에 있어서는 친권에 복종하는 자녀가, 그리고 후견권에 있어서는 피후견인이 객체가 된다. 즉, 사람도 경우에 따라서 권리의 객체가 된다.

8 물건에 관한 설명 중 틀린 것은?

① 일정한 집합물은 특별법에 의하여 하나의 물건으로 다루어진다.
② 집합물 위에 하나의 물권이 성립할 수 없음이 원칙이다.
③ 합성물은 법률상 수 개의 물건으로 다루어진다.
④ 단일물은 하나의 물건으로서 권리의 객체가 된다.

ADVICE 》 ③ 합성물은 법률상 하나의 물건으로 다루어진다.

9 양자가 모두 합성물인 것과 동시에 부대체물인 것을 고른다면?

① 상품과 토지　　　　　② 담장과 입목
③ 주류와 금전　　　　　④ 주택과 창고

ADVICE » 물건의 종류
  ㉠ 합성물 : 개개의 부분이 각각 고유의 성질을 보유하면서 하나의 형태로 구성되어 있는 것으로, 법률상 단일한 물건으로 취급된다.
  ㉡ 부대체물 : 물건의 개성이 중요시되어 동종·동질·동량의 물건으로 바꿀 수 없는 물건이다.
  ※ 상품·주류·금전·의복·쌀 등은 대체물이다.

10 부동산에 관한 설명으로 옳은 것은?

① 미분리의 과실은 수목의 일부에 지나지 않기 때문에 토지의 정착물로서 언제나 그 독립성이 부정된다.
② 건물의 일부도 소유권의 객체가 될 수 있다.
③ 토지의 일부도 양도할 수 있다.
④ 토지와 건물은 독립된 부동산이 아니다.

ADVICE » ① 미분리의 과실도 명인방법을 갖추면 독립한 물건으로서 거래의 객체가 된다.
③ 물권변동에 관해 형식주의를 취하고 있는 현행 민법하에서는 토지의 일부는 분필절차를 밟기 전에는 양도할 수 없다는 것이 통설이다. 그러나 용익물권의 설정은 분필하기 전의 토지의 일부 위에 설정할 수 있는 예외가 인정된다.
④ 토지와 건물은 독립한 부동산이다.

11 천연과실로 보기가 어려운 것은?

① 종돈의 새끼
② 광산에서 채굴된 광물
③ 젖소의 우유
④ 승마전용의 말의 새끼

ADVICE » ④ 승마전용의 말의 새끼는 물건의 용법에 의하여 수취되는 산출물, 즉 천연과실이 아니다.

Answer 6.③ 7.① 8.③ 9.④ 10.② 11.④

12 다음 중 옳은 것은?

① 종물은 동산에 한하여 인정된다.
② 타인소유의 종물도 주물의 처분에 따르는 것이 원칙이다.
③ 모든 금제물은 소유권의 목적이 될 수 없다.
④ 입목은 독립된 부동산으로서 그 소유권보존의 등기를 할 수 있다.

> **ADVICE** 》 ① 종물은 반드시 동산이어야 하는 것은 아니다.
> ② 타인소유의 물건간에는 원칙적으로 주물·종물의 관계를 인정하지 않는다.
> ③ 금제물 가운데에는 국보·지정문화재와 같이 소유·소지를 인정하는 것이 있다.

13 다음 중 연결이 잘못된 것은?

① 불융통물 - 아편
② 합성물 - 가옥
③ 동산 - 극장관람권
④ 부동산 - 명인방법을 쓴 입목

> **ADVICE** 》 ③ 극장관람권과 같은 무기명채권은 동산이 아니다.

14 다음 중 법정과실에 해당하지 않는 것은?

① 지료
② 사용료
③ 소작료
④ 지연이자

> **ADVICE** 》 ④ 연체이자의 법률상의 성질은 손해배상이지 이자가 아니다.

15 다음 중 설명이 틀린 것은?

① 수목의 집단은 등기하면 독립된 부동산으로 본다.
② 종물은 주물의 처분에 따른다.
③ 금리는 법정과실이다.
④ 승차권은 동산이다.

> ADVICE » ④ 승차권은 무기명채권의 일종으로 동산이 아니고, 증권적 채권의 일종인 특별한 채권이다.

16 다음 중 주물과 종물관계에 있는 것은?

① 가옥과 열쇠
② 주택과 별채의 광
③ 책상과 서랍
④ 과목과 그 과목에 달린 과실

> ADVICE » ① 주물 자체의 효용과 직접적인 관계가 없는 물건은 종물이 아니다.
> ③ 서랍은 책상의 일부이며, 독립한 물건이 아니다.
> ④ 과목과 그 과목에 달린 과실은 원물·과실의 관계에 있다.

17 다음 중 틀린 것은?

① 자동차·선박 등은 합성물이다.
② 금전은 대체물이며, 언제나 불특정물이지만 한 번 사용하고 나면 그 주체에 변동이 생기므로 소비물로 다루어진다.
③ 동산은 그 위에 권리의 변동을 공시하는데 적합하지 않지만, 부동산에 있어서는 그 공시가 용이하다는 점이 동산과 부동산을 분류하는 주된 근거이다.
④ 음란한 문서나 아편은 금제물이며, 또한 그것은 불융통물이다.

> ADVICE » ② 금전은 대체물이고 또한 소비물이지만 항상 불특정물인 것은 아니다. 예를 들어 금전·유가증권과 같은 대체물도 번호를 정하여 거래하는 때에는 특정물이 되며, 우마와 같이 비대체물로 다루어지는 것도 특히 대량으로 거래되는 때에는 불특정물이 되기 때문이다.

Answer   12.④ 13.③ 14.④ 15.④ 16.② 17.②

18 다음 중 동산과 부동산의 공통점은?

① 공시의 원칙을 채용
② 부합의 경우의 법률효과
③ 무주물선점의 경우의 법률효과
④ 공신의 원칙을 채용

> **ADVICE** » 공시의 원칙 … 공시방법을 갖추지 않으면 물권변동의 효과가 부인된다는 원칙인데, 민법은 부동산과 동산 모두에 관하여 공시의 원칙을 채용하고 있다.

19 다음 중 물건에 관한 설명으로 틀린 것은?

① 과실은 원물로부터 생기는 수익이다.
② 천연과실은 물건의 용법에 의하여 수취하는 산출물이다.
③ 법정과실은 물건의 사용대가로 받는 금전 기타의 물건이다.
④ 천연과실은 언제나 그 원물로부터 분리하는 때의 소유권자에게 귀속한다.

> **ADVICE** » ④ 천연과실은 그 원물로부터 분리하는 때에 이를 수취할 권리자에게 속한다.

20 천연과실을 취득할 수 없는 자는?

① 임차권자
② 유치권자
③ 지상권자
④ 악의의 점유자

> **ADVICE** » ④ 악의의 점유자는 수취한 과실을 반환하여야 하며 소비하였거나 과실로 인하여 훼손 또는 수취하지 못한 경우에는 그 과실의 대가를 보상하여야 한다〈제201조 제2항〉.

21 부동산에 대한 설명으로 틀린 것은?

① 전세권은 1필의 토지나 1동의 건물의 일부에 대하여도 설정할 수 있다.
② 1동의 건물의 일부는 구분 또는 분할의 등기절차를 밟지 않고도 처분할 수 있다.
③ 건물의 개수는 물리적 구조가 아니고 사회통념에 따라서 결정하여야 한다.
④ 토지의 일부는 분필절차를 밟기 전에는 양도할 수 없다.

> **ADVICE** » ② 1동의 건물의 일부는 구분 또는 분할의 등기절차를 밟기 전에는 처분할 수 없다.

22 과실에 대한 설명으로 틀린 것은?

① 과실의 귀속에 관한 법 제102조는 강행규정이다.
② 천연과실의 귀속에 관하여는 생산주의와 분리주의가 대립되는데, 민법은 후자를 취하고 있다.
③ 원칙적으로 천연과실은 원물로부터 분리되기 전에는 독립한 물건이 아니다.
④ 민법상 권리의 과실이라는 개념은 인정되지 않는다.

ADVICE 》 ① 과실의 귀속에 관한 민법 제102조는 임의규정이다.

23 다음 중 부동산과 동산의 법률상의 취급에 관한 설명으로 틀린 것은?

① 양자는 공시방법이 다르다.
② 양자는 시효취득의 요건을 달리한다.
③ 부동산에는 공시의 원칙을 인정하지 않는다.
④ 양자는 제한물권의 성립에 차이가 있다.

ADVICE 》 ③ 부동산에는 공신의 원칙은 인정되지 않으나, 공시의 원칙은 인정된다.

24 주물·종물에 관한 설명으로 틀린 것은?

① 종물은 주물로부터 독립된 물건이어야 한다.
② 주물과 종물은 법률적 운명을 함께 한다.
③ 타인소유의 종물이라도 선의취득의 요건을 갖추면 주물과 함께 물권취득의 객체가 된다.
④ 저당권이 설정된 후에 부속된 종물에 대하여는 저당권의 효력이 미치지 않는다.

ADVICE 》 ④ 종물은 주물의 처분에 따른다. 즉, 종물과 주물은 그 법률적 운명을 함께 한다.

Answer 18.① 19.④ 20.④ 21.② 22.① 23.③ 24.④

25 금리(金利)는 민법상 어디에 속하는가?

① 주물
② 종물
③ 천연과실
④ 법정과실

ADVICE » 물건의 대차에 있어서의 사용료, 금전대차에 있어서의 이자와 같이 물건의 사용대가로 받는 금전 기타의 물건을 법정과실이라고 한다.

26 다음 중 틀린 것은?

① 동산점유에는 공신력이 인정된다.
② 전세권은 부동산에만 설정한다.
③ 유치권은 동산에만 성립한다.
④ 지역권은 토지에만 설정된다.

ADVICE » ③ 유치권은 동산 외에 부동산에도 성립할 수 있다.

27 다음 중 천연과실이 아닌 것은?

① 양털
② 야채
③ 쌀
④ 화분목의 열매

ADVICE » ④ 화분목은 열매의 수취를 목적으로 하는 것이 아니기 때문에 그 열매는 물건의 용법에 의하여 취소되는 것이 아니므로 천연과실이 아니다.

28 다음 중 종물의 요건으로 틀린 것은?

① 동산만이 종물이 될 수 있다.
② 주물과 종물은 모두 독립적인 물건이어야 한다.
③ 종물은 주물의 상용에 공하여야 한다.
④ 주물과 종물은 동일한 소유자에게 속하는 것이어야 한다.

ADVICE » **종물과 주물** … 물건의 소유자가 그 물건의 상용에 공하기 위하여 자기소유인 다른 물건을 부속하게 한 경우에, 본래의 물건을 주물이라 하고 주물에 부속된 다른 물건을 종물이라고 한다. 종물은 독립한 물건이면 되고, 동산이든 부동산이든 상관없다.

29 다음 중 천연과실을 수취할 수 없는 자는?

① 원물의 소유자　　　② 지상권설정자
③ 선의의 점유자　　　④ 유치권자

> ADVICE » ② 지상권설정자는 지상권을 설정한 후에는 지상권자가 천연과실의 수취권을 가지기 때문에 지상권설정자의 수취권은 인정되지 않는다.

30 다음 중 과실에 대한 설명으로 옳지 않은 것은?

① 물건의 용법에 의하여 수취하는 산출물은 천연과실이다.
② 임금은 법정과실이다.
③ 천연과실은 원물로부터 분리할 때에 수취할 권리자에게 귀속한다.
④ 법정과실은 수취할 권리의 존속기간 일수의 비율로 취득한다.

> ADVICE » ② 법정과실이란 물건의 사용대가로 받는 금전 기타의 물건이므로 노동의 대가인 임금은 과실이 아니다.

31 다음 중 언제나 토지와 별개의 부동산으로 취급되는 것은?

① 입목　　　② 돌담
③ 건물　　　④ 구거(構渠)

> ADVICE » ① 입목은 입목에 관한 법률에 의하여 소유권보존등기를 받은 경우에만 완전히 독립된 부동산이 되며, 명인방법을 갖춘 경우에는 토지와 독립하여 양도는 가능하나 저당권설정은 사실상 불가능하다.
> ②④ 토지의 일부에 지나지 않는 정착물이다.

Answer　25.④　26.③　27.④　28.①　29.②　30.②　31.③

32 다음 내용 중 틀린 것은?

① 가옥사용의 대가는 과실이다.
② 금전사용의 대가는 과실이다.
③ 노동의 대가는 과실이 아니다.
④ 명인방법을 갖춘 수목의 집단은 독립된 동산으로서 거래의 객체가 될 수 있다.

ADVICE 》 ④ 독립된 부동산으로 거래의 객체가 된다.

33 다음 설명 중 틀린 것은?

① 근대민법은 모든 토지 외의 건물은 토지의 일부로 본다.
② 분필절차를 밟기 전에는 1필의 토지 일부를 양도할 수 없다.
③ 전세권은 분필절차를 밟지 않고서도 1필의 토지의 일부 위에 설정할 수 있다.
④ 지중의 암석은 독립한 부동산이다.

ADVICE 》 ④ 지중의 암석·토사·지하수 등은 토지의 구성성분으로서 토지의 일부를 이룬다.

34 다음 중 동산이 아닌 것은?

① 자동차
② 항공기
③ 등기된 선박
④ 토지에 정착시킨 기계

ADVICE 》 ①②③ 원칙적으로 동산이며 법률상 부동산과 같은 취급을 받는 경우가 있다.
④ 토지에 정착시킨 기계 등은 토지의 정착물이므로 부동산이다.

35 다음 중 동산에 해당하는 것은?

① 교량
② 수목
③ 전기
④ 기차승차권

ADVICE 》 물건은 동산과 부동산으로 나누는데 토지 및 그 정착물 외 유체물 및 전기 기타 관리할 수 있는 자연력은 동산이다.

36 다음은 과실을 열거한 것이다. 틀린 것은?

① 사채의 이자
② 암송아지가 출산한 송아지
③ 공장의 사용료
④ 주식의 배당금

ADVICE ④ 원물과 과실은 모두 물건이어야 하므로 권리의 과실(주식의 배당, 특허권의 사용료)은 인정되지 않는다.

37 다음 설명 중 옳지 않은 것은?

① 물건의 객체는 하나의 물건으로 생각하는 독립물이어야 하고 물건의 일부나 구성부분, 또는 물건의 집단은 원칙적으로 하나의 물권의 객체가 되지 못한다.
② 부동산의 일부는 용익물권의 객체가 될 수 없다.
③ 미분리의 천연과실 및 수목의 집단은 명인방법을 갖추면 소유권의 객체가 될 수 있다.
④ 농작물은 언제나 토지와는 독립한 물건으로 취급한다는 것이 우리 판례의 입장이다.

ADVICE ② 부동산의 일부는 용익물권(지상권, 지역권, 전세권)의 대상이 된다.

38 다음 중 원칙상 비대체물이 아닌 것은?

① 금전   ② 토지
③ 골동품   ④ 건물

ADVICE 비대체물 … 거래상 그 물건의 개성이 중요시되어 다른 것으로 바꿀 수 없는 물건을 말하며 그림, 골동품, 토지, 건물 등이 이에 해당한다.
① 금전, 곡물 등은 원칙상 대체물이다.

Answer 32.④ 33.④ 34.④ 35.③ 36.④ 37.② 38.①

39 다음 중 공용물인 것은?

① 항만
② 하천
③ 도로
④ 관공서의 건물

> **ADVICE** » 공용물 … 국가·공공단체의 소유에 속하며 국가나 공공단체에 의하여 공적 목적에 사용되는 물건을 말한다.
> ①②③ 대다수 국민이 함께 사용하는 공물로서 공용물과 함께 공공용물이라 한다. 공공용물은 일종의 불용통물로서 원칙상 사적 거래의 대상에서 제외된다.

40 다음 설명 중 옳지 않은 것은?

① 가분물과 불가분물의 구별실익은 다수당사자 성립 여부이다.
② 대체물과 부대체물의 구별실익은 소비·사용대차, 임대차 성립 여부이다.
③ 특정물과 불특정물의 구별실익은 채무변제의 장소를 정함에 있다.
④ 합성물과 집합물은 양자 모두 개개의 물건으로 거래될 수 없다는 것이 공통이다.

> **ADVICE** » ④ 합성물은 하나의 물건으로 취급되어 개개의 물건으로 거래될 수 없으나, 집합물은 개개의 물건으로 취급되는 것이 원칙이다.

41 동산과 부동산의 차이점에 관한 설명 중 옳지 않은 것은?

① 동산이든 부동산이든 모두 공시의 원칙은 지키고 있다.
② 부동산은 용익물권의 객체가 될 수 있으나 동산은 불가능하다.
③ 동산의 인도는 공신력이 인정되나 부동산의 등기는 공신력이 부인된다.
④ 동산이든 부동산이든 무주물선점의 대상이 된다.

> **ADVICE** » ④ 동산은 무주물선점이 가능하나 무주(無主)의 부동산은 국가에 귀속된다.

42 다음 중 권리의 객체에 관련된 판례의 태도와 부합하지 않는 것은?

① 일정 토지 위에 있는 자연석을 깎아 불상을 만들었다면 그 토지로부터 독립된 객체로 된다.
② 횟집으로 사용할 점포건물에 붙여서 생선을 보관하기 위하여 신축한 수족관 건물은 점포건물의 종류에 해당한다.
③ 건물이라고 함은 최소한의 기둥과 지붕 그리고 주벽이 이루어지면 이를 법률상 건물이라 할 것이다.
④ 기존건물의 종물이라고 볼 수 없는 독립건물이라도 종물로 보고서 기존건물과 함께 경매를 진행하여 경락까지 된 이상 그 경락인은 위 독립건물에 대한 소유권을 취득한다.

ADVICE 》 ① 대판 1970.9.22, 70다1494
② 대판 1993.2.12, 92도3234
③ 대판 1986.11.11, 86누173
④ 독립된 건물에 대한 경락은 그 자체가 당연무효로서 경락인은 기존건물과 함께 경락된 독립된 건물에 대한 소유권을 취득할 수 없다(대판 1988.2.23, 87다카600).

Chapter 04 권리의 변동

1 권리변동에 관한 내용으로 옳은 것은?

① 취득시효로 인한 권리의 취득은 이른바 권리의 상대적 취득(발생)이다.
② 상속으로 인한 권리의 취득은 이른바 승계취득 중의 특정승계이다.
③ 저당권의 취득은 이른바 권리의 이전적 취득이다.
④ 물건의 인도를 목적으로 하는 채권이 손해배상채권으로 변했다면 그것은 이른바 권리의 성질적 변경이다.

> **ADVICE** 》 ① 권리의 시효취득은 원시취득이다.
> ② 상속으로 인한 권리취득은 승계취득 중의 포괄승계취득이다.
> ③ 저당권의 취득은 승계취득 중 설정적 취득이다.

2 법률사실에 관한 설명으로 옳지 않은 것은?

① 소유의 의사는 의사적 용태이다.
② 용노(容怒)는 감정표시이다.
③ 의사표시는 법률행위이다.
④ 악의는 관념적 용태이다.

> **ADVICE** 》 ③ 의사표시는 그 자체가 법률행위가 아니라 이를 요인으로 하는 법률요건이 법률행위이다.

3 다음 설명 중 옳지 않은 것은?

① 공탁은 법률행위이다.
② 상계와 대물변제는 채무자만의 법률행위이다.
③ 혼동은 사건이다.
④ 면제는 채권자의 단독행위이다.

> ADVICE » ① 공탁은 계약으로 법률행위이다.
> ② 상계는 채무자만의 단독행위이나, 대물변제는 계약이다.

4 다음 설명 중 옳지 않은 것은?

① 변제수령의 거절은 의사의 통지이다.
② 대리권 수여의 표시는 관념의 통지이다.
③ 과실의 귀속에 관한 규정은 강행규정이다.
④ 시효이익의 포기는 의사표시이다.

> ADVICE » ① 표의자의 의사와는 무관하게 또는 이와 독립하여 직접 법률규정 자체에 의하여 법적 효과가 발생하는 의사의 통지이다.
> ④ 의사표시라 함은 표의자가 일정한 법률효과의 발생을 의욕하는 의사를 표시하고, 법률이 그 표의자가 의욕한 대로의 내용의 법률효과를 발생시킬 만한 것으로 인정함으로써 그 달성을 위해 조력하는 것을 말한다. 그러므로 시효이익의 포기는 이에 해당한다.
> ③ 민법 제102조는 임의규정이다.

5 다음 중 법률행위자유의 원칙을 제한하는 것은?

① 사정변경의 원칙   ② 부합계약
③ 근로자의 단체협약권   ④ 개인주의

> ADVICE » ② 부합계약이란 계약내용의 결정을 일방당사자가 정하고 그 타방은 그 계약내용에 따라야 하는 것으로 보험계약 등이 그 예이다. 이는 법률행위자유의 원칙의 중요한 제한이다.

Answer   1.④ 2.③ 3.② 4.③ 5.②

6 다음 중 사건에 속하는 것은?

① 선의
② 용서
③ 물건의 멸실
④ 불법행위

> **ADVICE** » 사건 … 사람의 정신작용에 기하지 않는 법률사실이며, 사람의 출생과 사망·실종·시간의 경과·물건의 자연적인 발생과 소멸 등이 이에 속한다.

7 다음 중 옳은 것은?

① 통정허위표시에 있어서 표의자는 제3자에 대하여 무효로써 대항할 수 있다.
② 착오로 인하여 의사표시를 한 경우에 표의자에게 중대한 과실이 있을 때에는 취소하지 못한다.
③ 비진의 의사표시는 언제나 그 행위의 효과에 영향이 없다.
④ 사기에 의한 의사표시는 무효이다.

> **ADVICE** » ① 통정허위표시의 무효는 선의의 제3자에게 대항하지 못한다〈제108조 제2항〉.
> ③ 일정한 경우에는 무효가 된다〈제107조 제1항 단서〉.
> ④ 사기·강박에 의한 의사표시는 취소할 수 있으며, 그러한 의사표시의 취소는 선의의 제3자에게 대항하지 못한다〈제110조〉.

8 법률행위의 착오에 관한 설명으로 틀린 것은?

① 착오는 의사의 흠결의 한 경우이다.
② 표시기관의 착오는 표의자 스스로 표시를 잘못한 착오와 마찬가지로 다룬다.
③ 동기의 착오는 그 동기가 표시된 경우에 한하여 취소할 수 있다.
④ 착오자의 상대방은 착오자가 취소한 경우에 그에 대한 손해배상은 어떠한 경우에도 인정되지 않는다.

> **ADVICE** » 우리나라 민법은 착오를 이유로 취소한 표의자(表意者)는 과실의 유무를 묻지 않고 신뢰이익을 배상하도록 하는 규정이 없다. 그러나 표의자에게 경과실(輕過失)이 있는 경우에는 계약체결상의 과실책임에 관한 민법 제535조의 적용을 받을 수 있다.

9 계약이 아닌 것은?

① 대물변제
② 상계
③ 경개
④ 증여

ADVICE》 ② 민법상의 상계는 단독행위이다.

10 사회질서에 위배하여 무효가 되는 경우에 해당하지 않는 것은?

① 도박채무를 담보하기 위하여 가등기를 설정하는 행위
② 첩관계를 단절하기 위하여 매월 일정한 금액의 지급을 약속하는 행위
③ 혼인하여 임신하면 당연히 퇴사하는 것을 조건으로 하는 여비서채용계약
④ 매도인의 배임행위에 적극 가담하여 이미 매도된 부동산을 이중으로 양수하는 행위

ADVICE》 법률행위의 목적이 강행법규에 위반하지 않더라도 선량한 풍속 기타 사회질서에 위반하는 때에는 그 법률행위는 무효이다. 그러나 불륜관계의 단절을 위하여 하는 금전급부계약은 유효하다.

11 권리의 원시취득이 아닌 것은?

① 회사의 합병
② 습득
③ 선점(先占)
④ 선의취득

ADVICE》 권리의 취득
㉠ 원시취득: 타인의 권리에 기하지 않고 원시적으로 취득하는 것으로 시효취득, 선점, 선의취득, 습득 등이 있다.
㉡ 승계취득: 타인의 권리에 기하여 취득하는 것으로서 매매, 상속, 회사의 합병 등이 이에 속한다. 또한 소유권에 기하여 지상권, 저당권 등을 설정하는 경우에도 승계취득이 있다.

Answer 6.③ 7.② 8.④ 9.② 10.② 11.①

12 다음 내용 중 옳지 않은 것은?

① 사기에 의한 의사표시는 하자 있는 의사표시이며 취소할 수 있다.
② 강박에 의한 의사표시는 의사의 흠결의 한 경우이다.
③ 내용의 중요부분에 착오가 있는 의사표시도 취소할 수 있다.
④ 통정허위표시의 무효는 선의의 제3자에게 대항하지 못한다.

> **ADVICE** » ② 의사와 표시, 즉 내심적 효과의사와 표시상의 효과의사가 일치하지 않는 경우를 통틀어서 '의사와 표시의 불일치' 또는 '의사의 흠결'이라고 하며, 통정허위표시·비진의 표시·착오에 의한 의사표시 등이 이에 해당된다.

13 심리유보와 허위표시의 이동에 관하여 틀린 것은?

① 심리유보와 허위표시는 원칙적으로 모두 무효이지만 제3자에 대한 관계에 있어서 차이가 있다.
② 심리유보에 있어서 보통 속는 것은 표의자의 상대방인 데 반하여, 허위표시에서는 제3자이다.
③ 심리유보의 효과는 원칙적으로 유효인 데 반하여, 허위표시는 원칙적으로 무효이다.
④ 심리유보에 있어서 표의자는 진의 아닌 것을 상대방이 알거나 또는 모를 것이라고 기대하여 청약하는 데 반하여, 허위표시에서 표의자는 상대방이 알고 있는 것으로 생각하는 점에서 다르다.

> **ADVICE** » ① 심리유보는 원칙적으로 표시된 대로 효력이 발생하나 허위표시는 당사자 사이에서는 무효이다. 또한 제3자에 대한 관계에 있어서는 심리유보나 허위표시의 무효는 선의의 제3자에게 대항하지 못한다.

14 착오에 관한 설명으로 틀린 것은?

① 표의자의 중대한 과실로 인한 착오는 취소할 수 없다.
② 2만원으로 적을 생각이었으나, 잘못하여 3만원으로 적은 것은 표시상의 착오이다.
③ 본인의 의사와 다른 의사표시에 의하여 대리인이 법률행위를 하더라도 이것은 착오의 문제가 아니다.
④ 동기의 착오는 어느 경우에나 법률행위에 아무런 영향을 미치지 않는다.

> **ADVICE** » ④ 동기가 표시되고 상대방이 알고 있는 경우에는 착오의 문제가 된다. 즉, 동기의 착오도 일정한 경우에는 법률행위에 영향을 미친다(통설·판례).

15 법률행위의 목적에 관한 설명으로 틀린 것은?

① 법률행위의 목적은 확정되어 있거나 또는 확정할 수 있는 것이어야 한다.
② 법률행위의 목적은 일명 법률행위의 내용이라고도 한다.
③ 법률행위가 유효하기 위하여는 그 목적이 적법한 것이어야 한다.
④ 확정된 목적의 실현이 불가능한 경우 그 법률행위는 언제나 취소할 수 있다.

    ADVICE 》 법률행위가 유효하려면 확정, 가능, 적법, 사회적 타당이라는 요건을 갖추어야 하는데 이 요건을 갖추지 못하면 법률행위는 무효이다.

16 의사표시의 효력에 관하여 발신주의를 인정하지 않는 경우는?

① 채권자의 채무인수자에 대한 승인의 확답
② 무권대리인의 상대방의 최고에 대한 본인의 확답
③ 대화자간의 계약에 있어서 승인의 통지
④ 제한능력자의 상대방의 최고에 대한 법정대리인의 확답

    ADVICE 》 발신주의에 의하는 경우는 ①②④와 사원총회소집의 통지, 기타 특약이 있는 경우이다.
              ③ 대화자간의 계약에 있어서의 승낙의 통지는 민법의 원칙인 도달주의에 따라 도달할 때에 효력이 생긴다.

17 법률행위의 해석에 관한 설명으로 틀린 것은?

① 법률행위의 해석은 법률문제이다.
② 민법은 법률행위 해석기준에 관한 일반적 규정을 두고 있지 않다.
③ 법률행위의 해석은 당사자의 숨은 진의(내심적 효과의사)를 탐구하는 것이다.
④ 법률행위의 해석은 결국 의사표시의 해석이다.

    ADVICE 》 ③ 법률행위의 해석은 당사자의 의사를 밝히는 것이기는 하나, 당사자의 숨은 진의(내심적 효과의사)를 탐구하는 것이 아니며, 당사자의 의사의 객관적인 표현이라고 볼 수 있는 것, 즉 표시행위가 가지는 사회적 의미를 명백히 하는 것이다.

Answer   12.② 13.① 14.④ 15.④ 16.③ 17.③

18 허위표시에 관한 설명으로 틀린 것은?

① 채무자가 자기소유의 부동산에 대한 채권자의 집행을 면하기 위하여 타인과 상의해서 그 자에게 매도한 것으로 하고 등기명의를 옮기는 경우는 허위표시로서 원칙적으로 무효이다.
② 거래의 외형을 신뢰한 자를 보호하고 있는 법제에 있어서는 제3자 보호규정이 필요하지 않다.
③ 가장소비대차에 기한 채권의 양수인은 제3자에 포함된다.
④ 허위표시는 당사자 사이에서 철회할 수 있으며, 철회를 한 경우에는 철회로써 선의의 제3자에게 대항할 수 있다.

> ADVICE » ④ 허위표시는 당사자 사이에서 철회할 수 있으나, 철회를 하더라도 선의의 제3자에게 그것을 가지고 대항하지는 못한다(통설).

19 법률행위의 중요부분의 착오에 해당하지 않는 것은?

① 증여계약의 상대방을 잘못 안 경우
② 임대차를 사용대차로 안 경우
③ 소유자가 아닌 자를 소유자로 잘못 알고 매매계약을 한 경우
④ 甲토지를 乙토지로 잘못 알고 임대차계약을 한 경우

> ADVICE » ③ 매매행위에 있어서는 상대방이 누구냐가 중요한 것은 아니므로 매매행위에 있어 상대방을 잘못 알았던 것은 중요부분의 착오가 아니다.

20 착오에 관한 설명 중 틀린 것은?

① 투함한 편지의 오달은 착오의 문제가 아니다.
② 사용대차를 임대차로 오신하면 이를 취소할 수 있다.
③ 표시된 동기의 착오를 이유로 법률행위를 취소할 수 있다.
④ 착오에 있어서 표의자에게 중과실이 있다는 입증책임은 표의자가 진다.

> ADVICE » ④ 착오에 있어서 중대한 과실의 입증책임은 표의자의 상대방이 부담한다.

21 다음 중 틀린 것은?

① 법률행위의 취소권자는 항상 추인권을 가진다.
② 무효행위의 소급적 추인도 당사자간에는 유효하다는 것이 통설이다.
③ 법정추인행위는 취소권의 존재를 모르고 하여도 무방하다.
④ 취소할 수 있는 법률행위를 추인한 후에는 다시 취소하지 못한다.

> **ADVICE** ① 추인권자는 취소를 할 수 있는 자, 즉 취소권자이다. 그러나 취소권자가 항상 추인권을 가지는 것은 아니다. 왜냐하면 추인은 취소의 원인이 소멸된 후에 하지 않으면 효력이 없기 때문이다〈제144조 제1항〉.

22 외부적 용태에 해당하지 않는 것은?

① 의사표시
② 준법률행위
③ 의사의 통지
④ 관념적 용태

> **ADVICE** 외부적 용태(행위)는 적법행위와 위법행위로 구분되며, 적법행위는 법률행위와 준법률행위로 구분된다.
> ② 준법률행위 ④ 내부적 용태(내심적 의식)

23 다음 중 의사적 용태에 속하는 것은?

① 소유의 의사
② 정당한 대리인이라는 신뢰
③ 채무의 승인
④ 대리권 수여의 통지

> **ADVICE** 내부적 용태
> ㉠ 의사적 용태: 일정한 의사를 가지고 있느냐의 내심적 과정을 말하며 소유의 의사, 제3자의 변제에 있어서의 채무자의 허용 또는 불허용의 의사, 사무관리의 경우 본인의 의사 등이 그 예이다.
> ㉡ 관념적 용태: 선의·악의, 정당한 대리인이라는 신뢰 등과 같이 일정한 사실에 관한 관념 또는 의식이 있느냐 없느냐의 내심적 의식을 말한다.

Answer 18.④ 19.③ 20.④ 21.① 22.④ 23.①

24 다음 내용 중 틀린 것은?

① 행위능력은 정신능력의 정형화의 현현(顯現)이라고 할 수 있다.
② 행위능력에 관한 민법상의 규정은 권리능력과는 달리 임의규정이다.
③ 자연인의 행위능력은 의사능력을 전제로 한다.
④ 권리능력자가 반드시 행위능력자인 것은 아니다.

> ADVICE » ② 행위능력에 관한 민법규정은 권리능력에 관한 규정과 마찬가지로 강행규정이다.

25 진의 아닌 의사표시에 대한 설명 중 틀린 것은?

① 표의자가 단독으로 한다.
② 진의 마음 속에 유보한 행위와 같다.
③ 상대방이 있는 경우에도 그와 통정하는 일이 없는 점에서 허위표시와 다르다.
④ 표의자가 의사와 표시의 불일치를 스스로 알고 있는 점에서 허위표시 및 착오에 의한 의사표시와 다르다.

> ADVICE » ④ 진의 아닌 의사표시는 표의자가 의사와 표시의 불일치를 스스로 알고 있는 점에서 착오에 의한 의사표시와 다르며, 허위표시와 같다.

26 의사표시의 효력발생시기에 대한 설명으로 틀린 것은?

① 서신이 우편함에 투입되었을 때 효력이 발생하는 것으로 하는 입장은 표백주의이다.
② 요지주의는 상대방이 의사표시의 내용을 요지한 때에 의사표시가 효력을 발생한다는 주의이다.
③ 도달주의는 의사표시가 상대방에게 도달한 때에 효력이 생긴다는 주의이다.
④ 발신주의는 의사표시가 상대방에게 발신된 때에 효력이 생긴다는 주의이다.

> ADVICE » ① 서신이 우편함에 투입되었을 때 의사표시의 효력이 생기는 것으로 하는 입장은 발신주의이다.

27 불공정한 법률행위에 대한 설명으로 틀린 것은?

① 폭리행위는 모든 재산상의 유상행위에 관하여 인정되지 않는다.
② 법률행위가 현저하게 공정을 잃는다고 해서 그것이 곧 궁박·경솔하게 이루어진 것으로 추정되지는 않는다.
③ 폭리자가 피해자의 궁박·경솔 또는 무경험을 이용하였어야 폭리행위가 성립한다.
④ 급부와 반대급부와의 사이에 현저한 불균형이 있어야 불공정한 법률행위가 성립한다.

ADVICE » 불공정한 법률행위(폭리행위) … 자기의 급부에 비하여 현저하게 균형을 잃은 반대급부를 하게 하여 부당한 재산적 이익을 얻는 행위를 말한다.
① 폭리행위는 모든 재산상의 유상행위에 관하여 인정된다.

28 다음 중 내용이 틀린 것은?

① 비진의 의사표시는 취소할 수 있다.
② 통정허위표시는 무효이다.
③ 강박에 의한 의사표시의 취소는 선의의 제3자에게 대항하지 못한다.
④ 착오로 인한 의사표시의 취소는 선의의 제3자에게 대항하지 못한다.

ADVICE » ① 비진의 표시는 원칙적으로 유효하나, 일정한 경우에는 무효이다. 그러나 취소할 수 있는 것은 아니다.

29 우편으로 어떤 의사표시를 하는 경우 그 의사표시의 효력발생시기는 원칙적으로 언제부터인가?

① 의사표시를 서면으로 작성한 때
② 서면을 우체통에 투입한 때
③ 상대방 집에 우편이 도달할 때
④ 상대방이 우편을 손에 잡은 때

ADVICE » 우리나라는 도달주의를 채택하고 있다.

Answer   24.② 25.④ 26.① 27.① 28.① 29.③

30 다음 중 순수사실행위인 것은?

① 가공　　　　　　　　　② 선점
③ 부부의 동거　　　　　　④ 점유

> **ADVICE »** **사실행위** … 행위가 행하여져 있다는 것 또는 그 행위에 의하여 생긴 결과만이 법률상 의미가 있는 것으로 인정되는 행위이다.
> ㉠ **순수사실행위** : 주소의 설정·매장물의 발견·가공 등과 같이 외부적 결과의 발생만 있으면 법률이 일정한 효과를 주는 것이다.
> ㉡ **혼합사실행위** : 선점·물건의 인도·사무관리·부부의 동거 등과 같이 외부적 결과의 발생 외에 어떤 의식과정이 따라야 하는 것이다.

31 다음 설명 중 틀린 것은?

① 사기와 강박에 기인한 행위는 완전히 유효하지 않다.
② 허위표시가 당사자 사이에 유효로 되는 경우는 절대로 없다.
③ 내용의 중요부분에 착오가 있는 때에는 그 의사표시는 취소할 수 있지만 표의자에게 과실이 있는 때에는 취소하지 못한다.
④ 허위표시에 관하여서는 제3자로부터 당사자에 대하여 그 무효를 주장할 수 있다.

> **ADVICE »** ③ 착오에 의한 의사표시는 표의자에게 중대한 과실이 있는 때에는 취소하지 못한다〈제109조 제1항 단서〉.

32 다음 중 착오에 대한 설명으로 틀린 것은?

① 고속전철이 부설된다고 믿고서 부동산 투기를 하는 것은 동기의 착오이다.
② 건축허가를 담당하는 자가 시공현장을 시찰하지 않은 채 건축허가를 내 준 것은 중대한 과실이다.
③ 착오에 있어서 중대한 과실은 추상적 과실이다.
④ 착오로 인한 의사의 흠결은 선의의 제3자에 대항할 수 있다.

> **ADVICE »** ④ 선의의 제3자에게 대항하지 못한다〈제109조 제2항〉.

33 다음 중 사실인 관습에 관한 내용으로 틀린 것은?

① 사실인 관습은 관습법과는 달리 사회의 법적 확신에 의하여 지지될 필요가 없다.
② 사실인 관습은 당사자의 목적·임의법규·신의성실의 원칙 등과 아울러 법률행위 해석의 표준이 된다.
③ 사실인 관습은 강행법규에 반하는 경우에는 당사자의 의사가 명확치 않을 때에도 해석의 표준이 될 수 없다.
④ 강행법규도 임의법규도 없는 사항에 관하여는 관습법은 해석의 표준이 될 수 있지만 사실인 관습은 될 수 없다.

ADVICE ≫ ④ 강행법규나 임의법규 어느 것도 없는 사항에 관하여 관습이 있는 경우에는 역시 그 관습이 해석의 표준이 된다(통설).

34 다음 중 법률행위의 성립요건이 아닌 것은?

① 내용의 사회적 타당성
② 목적
③ 의사표시
④ 혼인에 있어서의 신고

ADVICE ≫ ① 법률행위의 효력요건(유효요건)이다.
※ 법률행위의 성립요건 … 법률행위라고 할 수 있을 만한 것이 있기 위하여 요구되는 최소한의 외형적·형식적인 요건을 의미한다. 성립요건은 모든 법률행위에 공통되는 요건인 일반적 성립요건과 특수한 법률행위에 관하여 필요한 요건인 특별성립요건으로 나누어지는데, 당사자·목적·의사표시는 전자이다. 한편, 요물계약에 있어서의 물건의 인도·혼인에 있어서의 신고 등은 특별성립요건의 예이다.

35 다음 중 법률행위의 목적에 관한 설명으로 틀린 것은?

① 법률행위의 목적은 확정되어 있거나 또는 확정할 수 있는 것이어야 한다.
② 법률행위의 목적은 실현가능한 것이어야 한다.
③ 법률행위가 유효하기 위해서는 그 목적이 적법하여야 한다.
④ 법률행위의 목적이 사회적으로 보아서 타당성을 결하고 있는 경우에는 취소할 수 있다.

ADVICE ≫ ④ 법률행위의 목적이 사회적 타당성이 없는 경우에는 법률행위 자체가 무효이다.

Answer 30.① 31.③ 32.④ 33.④ 34.① 35.④

36 다음 행위 중 법률행위에 해당하는 것은?

① 변제
② 사무관리
③ 최고
④ 계약

ADVICE 》 법률행위는 의사표시를 불가결한 요소로 하는 법률요건이다. 그러므로 의사표시가 아닌 법률사실인 변제, 사무관리, 최고는 법률행위가 아니다. 청약은 또 하나의 의사표시인 승낙과 결합하여 계약이라는 하나의 법률행위로 되는 법률사실이다.

37 다음의 설명 중 틀린 것은?

① 권리가 이전된 경우 취소의 상대방은 전득자이다.
② 취소는 취소권자의 단독의 의사표시이다.
③ 상대방이 확정되어 있는 경우에는 그 취소는 상대방에 대한 의사표시로 한다.
④ 취소는 명시적이든 묵시적이든 상관없다.

ADVICE 》 ① 법률행위에 의하여 취득된 권리가 이전되어 있더라도 취소는 원래의 상대방에 대하여 하여야 한다.

38 불공정한 법률행위에 관한 내용으로 틀린 것은?

① 불공정한 가옥의 매매는 무효이므로 그 가옥을 전매한 자도 그 가옥에 대한 소유권을 주장할 수 없다.
② 불공정한 법률행위는 사회질서에 반하는 법률행위의 일종이다.
③ 급부와 반대급부간에 현저한 불균형이 있는 때에는 그 법률행위는 궁박·경솔·무경험에 승(承)하였음이 추정되므로 무효를 주장하는 자가 이것을 일일이 입증할 필요는 없다.
④ 대리에 의한 법률행위의 경우 궁박은 본인을 표준으로 하여 결정하고, 경솔·무경험은 대리인을 표준으로 하여 결정한다.

ADVICE 》 ③ 법률행위가 현저하게 공정을 잃었다고 해서 그것이 궁박·경솔하게 이루어진 것으로 추정되지는 않는다. 따라서 불공정한 법률행위로서 무효를 주장하려면 그 주장자가 궁박·경솔 또는 무경험의 상태에 있었고, 상대방이 이 사실을 알았으며, 급부와 반대급부와의 사이에 현저한 불균형이 있음을 입증하여야 한다.

39 다음 중 사람의 동일성에 관한 착오가 중요부분의 착오로 되지 않는 것은?

① 위임
② 현실매매
③ 임대차
④ 신용매매

ADVICE 》 위임, 임대차, 신용매매, 증여, 고용 등과 같이 상대방이 누구냐가 중요시되는 법률이행에 있어서는 사람의 동일성에 관한 착오는 중요부분의 착오로 된다. 그러나 현실매매는 상대방이 누구냐가 중요시되지 않기 때문에 사람의 동일성에 관한 착오가 중요부분의 착오로 되지 않는다.

40 상대방 있는 의사표시의 효력발생시기는 원칙적으로 어느 때인가?

① 상대방에게 발신한 때
② 상대방에게 도달된 때
③ 상대방이 의사표시의 내용을 확실히 알게 되었을 때
④ 상대방이 의사표시를 수령하였다고 회신을 보낸 때

ADVICE 》 상대방 있는 의사표시의 효력발생시기는 상대방에게 의사가 도달된 때로 하는 도달주의를 채택하고 있다.

41 법률행위의 취소에 대한 설명으로 틀린 것은?

① 토지소유자가 사기를 당하여 지상권을 설정한 후에 그 토지를 양도한 경우 그 토지의 양수인은 취소할 수 있다.
② 포괄승계인뿐만 아니라 특정승계인도 취소할 수 있다.
③ 임의대리에 있어서 대리인이 행한 행위에 취소원인이 있는 때에는 그 취소권은 직접 본인에게 귀속된다.
④ 제한능력자가 행한 취소는 다시 취소할 수 있다.

ADVICE 》 ④ 제한능력자의 취소는 취소할 수 있는 취소행위가 아니다.

Answer 36.④ 37.① 38.③ 39.② 40.② 41.④

42 다음 중 요식행위가 아닌 것은?

① 혼인
② 인지
③ 법인설립행위
④ 물권적 합의

ADVICE 》 법률행위는 불요식행위임을 원칙으로 한다. 그러나 때로는 일정한 방식을 요구하기도 하는데, 유언·혼인·인지·파양 등의 가족법상의 행위, 어음행위, 법인설립행위 등은 요식행위의 예이다.

43 의사표시에 관한 내용으로 다음 중 옳은 것은?

① 강박에 의한 의사표시의 취소도 선의의 제3자에게 대항하지 못한다.
② 허위표시는 당사자간에 있어서는 유효하다.
③ 착오의 경우 표의자에게 중대한 과실이 있는 경우에도 상대방이나 제3자는 취소할 수 있다.
④ 심리유보는 원칙적으로 무효이다.

ADVICE 》 ② 무효이다.
③ 표의자 자신뿐 아니라 상대방이나 제3자도 취소하지 못한다고 해석해야 한다.
④ 유효이다.

44 상대방 있는 단독행위가 아닌 것은?

① 유언
② 추인
③ 상계
④ 계약의 해제

ADVICE 》 단독행위
㉠ 상대방 있는 단독행위: 동의, 채무면제, 상계, 추인, 취소, 해지, 해제 등의 행위로 의사표시가 상대방에게 도달해야 효력이 발생한다.
㉡ 상대방 없는 단독행위: 유언, 권리의 포기, 재단법인의 설립행위 등으로 의사표시가 있으면 곧 효력이 발생한다.

45 다음 중 틀린 것은?

① 첩계약은 무효이다.
② 밀수입을 위한 자금의 대차는 무효이다.
③ 이중매매는 언제나 무효이다.
④ 일부일처제의 결혼질서에 반하는 행위는 무효이다.

ADVICE » ③ 이중매매는 원칙적으로 유효하나, 매수인이 매도인에게 이중매도를 적극 권유하여 이중매매계약이 체결된 경우에 한하여 반사회적질서에 반하는 행위로서 무효로 된다.

46 의사표시에 대한 설명으로 옳은 것은?

① 묵시의 의사표시는 표시행위가 흠결한 것이므로, 의사표시로서의 효력이 없다.
② 도덕적·종교적인 구속을 발생시키려는 의사도 효과의사이다.
③ 표시의사를 의사표시의 요소라고 하면, 예컨대 택시운전사에게 손을 들어도 승차의 의사를 표시하기 위한 것이 아닌 경우에는 그것은 표시행위가 되지 않는다.
④ 표시상의 효과의사와 내심적 효과의사가 일치하지 않는 경우에는 그 의사표시는 항상 무효이다.

ADVICE » ① 묵시의 의사표시에 있어서 요식행위의 경우를 제외하고는 명시의 의사표시와 효력에 있어서 차이가 없다.
② 효과의사는 법률효과의 발생을 의욕하는 의사이므로 단순히 도덕적·종교적 구속을 발생시키려는 의사는 효과의사가 아니다.
④ 의사와 표시의 불일치의 경우 의사표시가 언제나 무효인 것은 아니며, 취소할 수 있거나 유효한 때도 있다.

47 상대방 있는 의사표시의 효력발생시기에 관한 민법의 일반원칙에 대한 설명으로 옳은 것은?

① 표의자가 발신 후 사망한 경우에는 의사표시는 취소할 수 있다.
② 상대방 자신에게 수교될 필요는 없고 친족·동거인 등에게 수교되면 그것으로써 족하다.
③ 우체통에 투입된 것만으로도 그 의사표시는 효력이 생긴다.
④ 도달주의는 격지자 사이에만 적용된다.

Answer 42.④ 43.① 44.① 45.③ 46.③ 47.②

ADVICE 》 ① 우리 민법은 의사표시의 도달주의를 채택하고 있으므로 의사표시가 도달하고 있는 중에 표의자가 사망했을 경우라도 의사표시는 유효하다.
③ 도달주의를 원칙으로 하므로 우체통에 투입된 것만으로는 의사표시의 효력이 생기지 않는다.
④ 도달주의 원칙은 격지자나 대화자 사이에서 모두 적용된다.

48 의사표시의 효력발생에 대한 설명으로 틀린 것은?

① 관청의 행정처분도 상대방 있는 것인 경우에는 그 표시가 상대방에게 도달하여야 효력이 생긴다.
② 관청 또는 회사에 대한 의사표시의 경우에는 규칙상 수령권한 있는 자에게 교부되지 않는 한 도달이 되지 않는다.
③ 의사표시자가 통지를 발송한 후 사망하여도 의사표시의 효력에 영향을 미치지 아니한다.
④ 도달주의는 의사표시의 상대방이 대화자이거나 격지자이거나를 불문하고 모두 적용되는데, 여기서 격지자·대화자의 구별은 거리적·장소적 관념이 아니라 시간적 관념이다.

ADVICE 》 ② 관청 또는 회사에 대한 의사표시에 있어서 반드시 규칙상 수령권한 있는 자에게 교부되지 않았더라도 사실상의 관계자가 수령하면 도달로 된다.

49 법률행위의 무효에 관한 설명으로 틀린 것은?

① 무효에 관하여는 언제나, 즉 당사자 사이의 관계에 있어서도 소급적인 추인은 인정되지 않는다.
② 무효행위의 당사자가 그 행위가 무효임을 알고서 추인하였다고 하여 모든 행위가 유효하게 되는 것은 아니다.
③ 무효행위는 당사자가 추인을 하여도 처음에 소급하여 효력을 발생하지 않는다.
④ 무효행위는 일부무효를 그 부분만 무효로 한다는 것을 명백히 규정하고 있는 경우도 있다.

ADVICE 》 ① 당사자 사이에서 또는 제3자의 권리를 해하지 아니하는 범위에서는 제3자에 대한 관계에 있어서 무효행위를 소급적으로 추인할 수 있다(통설).

50 의사표시의 효력발생에 대한 설명으로 틀린 것은?

① 민법은 비영리법인의 설립행위, 상속의 포기, 유언 등에는 효력발생시기에 관하여 특별히 규정하는 경우도 있다.
② 의사표시의 효력발생시기에 관하여 우리 민법은 도달주의만을 취하고 있다.
③ 의사표시의 수령능력은 상대방 있는 의사표시에서만 문제된다.
④ 상대방 있는 의사표시는 상대방에게 알린다는 것을 목적으로 하기 때문에 상대방 없는 의사표시에 있어서와 같이 다룰 수 없다.

　ADVICE 》 ② 민법은 일정한 경우에는 예외적으로 발신주의를 취하고 있다.

51 의사표시에 관하여 틀린 것은?

① 진의 없는 혼인은 상대방의 지·부지(知·否知)를 묻지 않고 무효이다.
② 강박으로 인한 혼인의 의사표시의 무효는 선의의 제3자에게 대항할 수 있다.
③ 통정허위표시로 인한 무효는 선의의 제3자에게 대항할 수 없다.
④ 착오로 인한 의사표시의 취소는 선의의 제3자에게 대항하지 못한다.

　ADVICE 》 ② 사기·강박으로 인하여 한 혼인의 의사표시는 무효가 아니고 취소할 수 있을 뿐이다. 단, 사기·강박으로 인한 혼인은 사기를 안 날 또는 강박을 면한 날로부터 3월이 경과한 때에는 취소를 청구하지 못한다.

52 하자 있는 의사표시의 효과에 대한 설명으로 옳지 않은 것은?

① 강박에 의한 의사표시의 취소는 선의의 제3자에게도 대항할 수 있다.
② 표의자의 상대방의 사기 또는 강박으로 의사표시를 한 때에는 표의자는 그 의사표시를 취소할 수 있다.
③ 상대방 없는 의사표시는 제3자의 사기나 강박으로 한 때에는 표의자는 언제든지 그 의사표시를 취소할 수 있다.
④ 제3자의 사기나 강박으로 상대방 있는 의사표시를 한 때에는 표의자는 그 의사표시의 상대방이 제3자에 의한 사기나 강박의 사실을 알고 있거나 또는 알 수 있었을 경우에 한하여 그 의사표시를 취소할 수 있다.

　ADVICE 》 ① 사기·강박에 의한 의사표시의 취소는 선의의 제3자에게 대항하지 못한다〈제110조 제3항〉.

Answer 48.② 49.① 50.② 51.② 52.①

53 착오의 효과에 대한 설명으로 틀린 것은?

① 현행 민법은 의사주의의 입장에서 착오를 규율하고 있다.
② 구 민법은 의사주의 쪽으로 기울어져 있었다.
③ 독일민법은 표시주의의 입장에서 착오를 규율하고 있다.
④ 의사표시에 관한 표시주의에 있어서는 표의자의 보호를 위한 조치가 필요하게 된다.

ADVICE » ① 현행 민법은 중요부분에 착오가 있는 의사표시는 취소할 수 있다고 규정함으로써 표시주의 입장에 가깝고, 구 민법은 착오로 인한 법률행위는 무효로 하여 의사주의 쪽으로 기울어져 있었다.

54 법률행위로 인한 권리변동이 아닌 것은?

① 소멸통고로 인한 전세권의 소멸
② 경매로 인한 소유권의 취득
③ 저당권설정
④ 증여를 원인으로 한 소유권의 이전

ADVICE » ② 법률의 규정에 의한 권리의 변동으로 부동산에 관한 물권의 취득에 등기를 요하지 않는다.

55 다음 중 보조행위는?

① 추인
② 해제
③ 취소
④ 채권양도

ADVICE » 직접적으로 실질적인 법률관계에 변동을 일어나게 하는 법률행위를 독립행위라 하고, 단순히 법률행위 효과를 형식적으로 보충하거나 확정하는 것에 불과한 법률행위를 보조행위라 한다. 보통의 법률행위는 독립행위이며, 동의·추인·대리권의 수여와 같은 수권행위는 보조행위에 속한다.

56 다음 중 불공정한 법률행위에 관한 설명으로 옳은 것은? (단, 판례에 의함)

① 불공정한 법률행위가 성립되기 위한 요건인 궁박, 경솔, 무경험은 모두 구비되어야 하고 어느 일부만으로는 불공정한 법률행위가 되지 아니한다.
② 증여계약과 같이 아무런 대가관계 없이 당사자 일방이 상대방에게 일방적인 급부를 하는 법률행위는 불공정한 법률행위에 해당될 수 없다.
③ 불공정한 법률행위의 요건으로서의 궁박은 경제적 원인에 기인한 경우만을 가리키고 정신적 또는 심리적 원인에 기인한 경우에는 궁박이 될 수 없다.
④ 피해당사자가 궁박, 경솔 또는 무경험의 상태에 있었으면 그 상대방 당사자에게 폭리행위의 악의가 없었더라도 불공정한 법률행위는 성립한다.

ADVICE 》 ① 불공정한 법률행위가 성립하기 위한 요건인 궁박, 경솔, 무경험은 모두 구비되어야 하는 요건이 아니라 그 중 일부만 갖추어져도 충분하다.
② 민법 제104조가 규정하는 현저히 공정을 잃은 법률행위라 함은 자기의 급부에 비하여 현저하게 균형을 잃은 반대급부를 하게 하여 부당한 재산적 이익을 얻는 행위를 의미하는 것이므로, 증여계약과 같이 아무런 대가관계 없이 당사자 일방이 상대방에게 일방적인 급부를 하는 법률행위는 그 공정성 여부를 논의할 수 있는 성질의 법률행위가 아니다(대판 2000.2.11, 99다56833).
③ 궁박은 급박한 곤궁을 의미하는 것으로서 경제적 원인에 기인할 수도 있고 정신적 또는 심리적 원인에 기인할 수도 있다.
④ 피해당사자가 궁박, 경솔 또는 무경험의 상태에 있었다고 하더라도 그 상대방 당사자에게 위와 같은 피해당사자측의 사정을 알면서 이를 이용하려는 의사, 즉 폭리행위의 악의가 없었다면 불공정 법률행위는 성립하지 않는다(대판 1997.7.25, 97다15371).

57 다음 중 강행규정이 아닌 것은?

① 상속순위에 관한 규정
② 행위능력에 관한 규정
③ 이자제한법에 관한 규정
④ 계약의 해제권에 관한 규정

Answer 53.① 54.② 55.① 56.② 57.④

ADVICE » **강행법규** … 법령 중의 선량한 풍속 기타 사회질서에 관계있는 규정으로서 당사자의 의사에 의하여 그 규정의 적용을 배제할 수 없는 규정을 말하며, 그 예로는 법질서의 기본구조에 관한 규정, 사회 일반의 중대한 이해에 직접 영향을 미치는 규정, 사회윤리관이나 가족관계 질서에 관한 규정, 경제적 약자를 보호하기 위한 사회정책적 규정, 거래의 안전을 위한 규정 등이 있다.
① 가족관계 질서의 유지에 관한 규정이다.
② 법률질서의 기본구조에 관한 규정이다.
③ 경제적 약자의 보호를 위한 사회정책적 규정이다.
④ 임의규정이다.

58 의사표시에 관한 설명 중 옳은 것은?

① 판례는 비진의 표시에서의 진의란 표의자가 진정으로 마음 속에서 바라는 사항을 뜻한다고 본다.
② 양도담보나 추심을 위한 채권양도는 신탁행위로서 허위표시가 아니다.
③ 허위표시는 당사자 사이에 철회하면 선의의 제3자에 대하여 그것을 가지고 대항할 수 있다.
④ 법률행위의 내용의 중요부분에 착오가 있는 의사표시는 무효이다.

ADVICE » ① 판례는 비진의 표시에서 진의란 특정한 내용의 의사표시를 하고자 하는 표의자의 생각을 말하는 것이지, 표의자가 진정으로 마음 속에서 바라는 사항을 뜻하는 것은 아니라고 본다(대판 1996.12.20, 95누16059).
② 신탁행위에는 권리를 이전하려는 내심의 효과의사가 있으므로 허위표시가 아니다. 따라서 담보의 목적으로 소유권을 양도하는 양도담보, 추심을 위한 채권양도는 진실한 양도의사가 있는 신탁행위로서 허위표시가 아니다.
③ 허위표시의 철회의 경우 철회 전에 이해관계를 맺은 선의의 제3자에 대하여는 대항할 수 없고, 철회 후에 이해관계를 맺은 경우에도 가장행위의 외관을 제거한 경우에만 선의의 제3자에게 철회를 가지고 대항할 수 있다.
④ 의사표시는 법률행위의 내용의 중요부분에 착오가 있는 때에는 취소할 수 있다〈제109조〉.

59 다음 설명 중 옳은 것은 모두 몇 개인가?

> ㉠ 의사표시는 법률행위가 됨으로써 비로소 법률효과가 발생하는 바, 1개의 의사표시만으로는 법률행위가 될 수 없다.
> ㉡ 상대방 없는 단독행위는 유언, 권리포기, 유증, 재단법인 설립행위 등이다.
> ㉢ 처분권 없는 자가 한 처분행위는 유효하다.
> ㉣ 법률행위가 유효하려면 법률행위 성립 당시에 확정되어 있어야 한다.
> ㉤ 자(子)가 부모와 동거하지 않겠다는 계약은 무효이다.
> ㉥ 자연적 해석이 전형적으로 적용되는 예는 계약의 경우이다.

① 1개 ② 2개
③ 3개 ④ 4개

ADVICE 》 ㉠ 의사표시 하나만으로 성립될 수 있는 법률행위가 단독행위이다.
㉢ 처분권 없는 자가 한 처분행위는 무효이다.
㉣ 이행 당시를 기준으로 유·무효를 확정한다.
㉥ 자연적 해석방법은 상대방 없는 단독행위에 적용된다.

60 법률행위의 목적에 관한 설명 중 옳지 않은 것은?

> ㉠ 법률행위의 목적은 법률행위 성립시에 확정되어 있지 않으면 무효이다.
> ㉡ 원시적 불능인 법률행위는 무효이나, 계약체결상의 과실책임이 문제될 수 있다.
> ㉢ 당사자의 귀책사유 없이 후발적 불능이 된 법률행위는 무효이다.
> ㉣ 일부불능인 법률행위는 원칙적으로 법률행위 전부가 무효이다.

① ㉠㉡ ② ㉠㉢
③ ㉡㉢ ④ ㉡㉣

ADVICE 》 ㉠ 법률행위는 그 내용인 목적실현시(이행시)까지만 확정되어 있으면 된다.
㉢ 후발적 불능은 무효가 아니다.

61 진의 아닌 의사표시에 관한 다음 설명 중 옳지 않은 것은? (단, 다툼이 있으면 판례에 의함)
① 공무원의 사직의 의사표시와 같은 사인의 공법행위에도 진의 아닌 의사표시에 관한 규정이 준용된다.
② 진의 아닌 의사표시에서 진의는 특정한 내용의 의사표시를 하고자 하는 표의자의 생각을 말한다.
③ 진의 아닌 의사표시는 표시행위에 상응하는 내심의 효과의사가 없는 것이다.
④ 표의자가 증여를 하기로 하고 그에 따른 증여의 의사표시를 한 이상, 증여를 하는 자가 재산을 강제로 뺏기는 것이라고 생각하더라도 진의 아닌 의사표시는 성립하지 않는다.

> **ADVICE** ① 공무원의 사직의 의사표시와 같은 공법상의 행위에는 진의 아닌 의사표시의 규정이 준용되지 않고, 외부에 표시된 대로 효력이 발생한다.

62 甲은 증여의 의사도 없이 乙에게 자기소유의 부동산을 증여하기로 약속한 후 그 이행으로 乙에게 위 부동산의 소유권을 이전해주었다. 다음 설명 중 옳은 것은?
① 甲에게는 증여의 진정한 의사가 없었으므로 위 계약은 乙의 선의, 악의에 관계없이 무효이다. 따라서 乙은 소유권을 취득할 수 없다.
② 乙이 계약체결시에 甲에게 증여의 의사가 없음을 모른 경우에는 증여계약은 유효하므로 乙은 위 부동산의 소유권을 취득한다.
③ 乙이 계약체결시에 증여의 의사가 없음을 알았더라도 증여계약은 유효하므로 乙은 부동산의 소유권을 취득한다.
④ 乙이 계약체결시 甲에게 증여의사가 없음을 알았다면 증여계약은 무효이므로 그 소유권을 선의의 제3자에게 넘길 경우에도 대항할 수 있다.

> **ADVICE** 민법 제107조(진의 아닌 의사표시)는 원칙적으로 유효하다. 그러나 상대방이 알았거나 알 수 있었을 경우에는 무효이며, 선의의 제3자에게는 대항할 수 없다.

63 다음 중 일반적으로 중요부분의 착오가 되지 않는 것은?

① 甲의 채무를 보증할 의사로 계약을 맺었는데 乙의 채무를 보증하는 계약으로 되어 있는 경우
② 기계의 성능에 관한 착오
③ 물건의 가격에 관한 착오
④ 제2심에서의 승소판결을 알지 못하여 화해를 한 경우

> **ADVICE** » ③ 물건의 수량, 가격 등에 관한 착오는 일반적으로 중요부분의 착오가 되지 않는다. 다만 객관적인 가격 또는 예기된 수량과 상당히 큰 차이가 있는 경우에는 중요부분의 착오가 된다.

64 甲은 채권자들로부터 강제집행을 당할 것을 대비하여 친구인 乙과 짜고 자기소유의 부동산을 매도한 것처럼 乙에게 소유권이전등기를 해 두었다. 그런데 乙이 등기명의인이 된 것을 기화로 하여 이를 제3자에게 매도하고 소유권이전등기를 하여 주었다. 다음 설명 중 옳은 것은?

① 제3자가 가장매매라는 것을 알고 취득한 경우에도 가장매매를 한 당사자인 甲은 제3자에게 소유권 반환을 청구할 수 없다.
② 제3자가 선의로 매수하여 소유권이전등기를 한 경우에도 이후에 가장매매인 것을 알게 되면 제3자가 가장매매의 무효를 주장할 수 있다.
③ 제3자가 악의인 경우에도 甲의 채권자는 甲이 제3자에게 무효를 주장하여 등기명의를 회복하지 않는 한, 위 부동산에 대하여 아무런 권리행사를 하지 못한다.
④ 제3자가 선의인 경우에도 제3자로부터 부동산을 매수한 전득자가 악의이면 甲은 전득자에게 무효를 주장할 수 있다.

> **ADVICE** » 통정허위표시의 무효를 선의의 제3자와 그 선의의 제3자로부터 권리를 취득한 악의의 전득자에게 주장할 수 없다. 그러나 악의의 제3자에게는 주장하여 소유권 반환을 청구할 수 있으며 제3자가 무효를 스스로 주장하는 것은 가능하다.

Answer 61.① 62.② 63.③ 64.②

65 착오에 관한 설명 중 옳지 않은 것은?

① 착오자에게 과실이 있으면 취소할 수 없다. 이 경우 중대한 과실에 대한 입증책임은 착오자에게 있다.
② 甲이 "乙에게 750,000원에 팔겠다."는 내용을 전신기사 丙에게 타전토록 부탁하였으나 丙의 실수로 75,000원에 팔겠다는 내용이 타전된 경우에 甲은 그 의사표시를 취소할 수 있다.
③ 화해계약은 착오를 이유로 취소할 수 없는 것이 원칙이다.
④ 착오를 이유로 의사표시를 취소할 수 있는 자에 착오자의 상대방은 포함되지 않는다.

ADVICE 》 ① 민법 제109조의 착오에 의한 의사표시는 표의자에게 중대한 과실이 있을 경우 취소할 수 없는데, 중대한 과실의 입증은 취소를 배제하려는 상대방이 진다.

66 의사표시의 효력발생에 대한 도달주의의 효과를 설명한 것 중 옳지 않은 것은?

① 의사표시의 부도달 혹은 연착에 의한 불이익은 일반적으로 표의자에게 돌아간다.
② 발신 후 표의자가 사망하여도 도달만 하고 있으면 의사표시의 효력발생에는 아무런 영향이 없다.
③ 표의자가 상대방이나 상대방의 주소를 알지 못하는 경우에는 언제든지 공시송달을 할 수 있다.
④ 수령자가 제한능력자라 하더라도 수령사실을 제한능력자측에서 주장하는 것은 무방하다.

ADVICE 》 ③ 공시송달을 하려면 상대방을 알지 못하거나 상대방의 소재를 알지 못할 뿐만 아니라 상대방 또는 그의 소재를 알지 못하는 데에 대하여 표의자에게 과실이 없어야 한다〈제113조〉.
④ 의사표시의 상대방이 이를 받은 때에 제한능력자인 경우에는 표의자는 그 의사표시로써 대항하지 못한다. 그러나 상대방이 제한능력자이더라도 제한능력자측에서 그 수령사실을 주장하는 것은 가능하다.

67 의사표시의 공시송달에 관한 설명 중 옳지 않은 것은?

① 의사표시를 공시송달하려면 표시자가 법원에 신청하여야 한다.
② 공시송달한 의사표시의 효과는 신청인이 법원에 신청한 날로부터 생긴다.
③ 표의자가 과실에 의하여 상대방의 소재를 알지 못하는 경우에는 공시송달은 효력이 생기지 않는다.
④ 상대방을 알지 못하거나 그의 소재를 알지 못하는 경우에는 의사표시를 공시송달시킬 수 있다.

ADVICE 》 ② 첫 공시송달은 실시한 날부터 2주가 지나야 효력이 생긴다〈민사소송법 제196조〉.

68 강박에 의한 의사표시에 관한 설명 중 옳지 않은 것은?

① 판례에 의하면, 의사결정의 자유가 박탈된 상태에서 한 의사표시는 무효이다.
② 판례·통설에 의하면 고소하겠다고 위협하는 것은 부정한 이익의 취득을 목적으로 하는 때에만 위법하다.
③ 강박수단이 법질서에 위배된 경우 중에는 위법성이 없는 때도 있다.
④ 강박에 의한 의사표시의 취소도 선의의 제3자에게 대항하지 못한다.

> **ADVICE** » ③ 강박수단이 법질서에 위배된 경우라면 언제나 위법성이 없을 수 없다.

69 甲은 乙에게 의사표시를 발신한 후 법원에서 피성년후견개시심판을 받았는데, 이러한 사정을 알지 못하고 그 의사표시를 수령한 乙이 수령 당시 미성년자이었을 경우 의사표시의 효력에 관한 법률관계를 설명한 것으로 옳은 것은?

① 甲의 의사표시는 피성년후견인의 의사표시이므로 당연무효이다.
② 乙은 의사표시의 수령 당시 미성년자이므로 甲의 의사표시가 도달되어 유효하다는 주장을 할 수 없다.
③ 甲의 의사표시는 乙의 법정대리인인 丙이 도달을 안 때로부터 효력을 발생한다.
④ 甲이 피성년후견인으로 되었다는 사실을 乙이 알았을 경우에는 甲의 의사표시는 소급하여 효력을 상실한다.

> **ADVICE** » 의사표시 발송 후 각종 사정변경은 의사표시, 즉 법률행위의 효력에 아무런 영향을 끼치지 아니하므로 그대로 효력을 발휘하는 것이 원칙이며, 미성년자는 수령능력이 없으므로 법정대리인이 그 도달을 안 때로부터 효력이 생긴다.

Answer 65.① 66.③ 67.② 68.③ 69.③

PART

법률행위의 대리

-----

01. 총설
02. 무권대리

Chapter 01 총설

1 대리에 대한 설명 중 옳은 것은?

① 위임은 반드시 대리를 수반한다.
② 불법행위에는 대리가 있을 수 없다.
③ 간접대리도 민법상의 대리의 한 모습이다.
④ 대리권을 수여하려면 반드시 위임장을 주어야 한다.

> **ADVICE** » ① 본인·대리인 사이의 기초적 내부관계와 대리관계는 이론상 전혀 별개의 것이며, 또한 위임관계에는 대리관계가 따르는 것이 보통이기는 하지만 위임과 대리가 반드시 결합하는 것도 아니다.
> ③ 간접대리는 행위자의 이름으로 법률행위를 하고 그 효과가 행위자에게 생겨서 후에 타인에게 이전하게 되는 점에서, 본인의 이름으로 법률행위(의사표시)를 하고 그 법률효과가 직접 본인에게 귀속하는 대리(직접대리)와 다르다.
> ④ 대리권 수여행위, 즉 수권행위는 민법상 불요식행위이다. 보통의 위임장은 대리권을 수여했다는 증거에 불과하므로(통설) 위임장 없이도 수권하는 것이 가능하다.

2 대리권의 범위를 정하지 아니할 경우에 대리인이 할 수 없는 것은?

① 소멸시효의 중단
② 가옥의 수선
③ 은행예금을 찾아 개인에게 대금하는 행위
④ 미등기부동산의 등기

> **ADVICE** » ①②④는 보존행위이며, ③은 개량행위인데 객체의 성질을 변하게 하는 것이다.

3 다음 중 법정대리인이 아닌 것은?

① 친권자　　　　　　　　② 후견인
③ 유언집행자　　　　　　④ 조합의 사무집행자

> ADVICE » ④ 조합의 사무집행자는 임의대리인이다.
> ※ 법정대리
> ㉠ 본인에 대하여 일정한 지위에 있는 자가 법률의 규정에 의해 대리인이 되는 경우(친권자, 후견인)
> ㉡ 본인 이외의 일정한 지정권자의 지정으로 대리인이 되는 경우(지정후견인, 지정유언집행자)
> ㉢ 법원이 선임하는 자가 대리인이 되는 경우(부재자의 재산관리인, 상속재산관리인, 유언집행자)

4 복대리에 관한 내용으로 옳은 것은?

① 복대리인은 본인의 명의로 선임한다.
② 대리인이 사망하면 복대리권은 소멸한다.
③ 복대리인을 선임한 뒤에는 대리인은 대리권을 잃는다.
④ 대리인의 복대리인 선임행위는 대리행위이다.

> ADVICE » ① 복대리인은 대리인이 자기의 이름으로 선임한 자이다.
> ③ 복대리인을 선임한 뒤에도 대리인은 대리권을 잃지 않는다.
> ④ 복대리인은 대리인이 본인의 이름으로써 선임한 자가 아니므로, 복대리인 선임행위는 대리행위가 아니다.

5 복대리인에 관하여 틀린 것은?

① 대리인은 복대리인을 선임하여도 대리권을 잃지 않는다.
② 복대리인은 그 권한 내에서 본인을 대리한다.
③ 복대리권은 대리인이 가지는 대리권의 소멸에 의하여 소멸한다.
④ 복대리인은 대리인이 본인의 이름으로 선임하고 그 권한 내의 행위를 시키는 본인의 대리인이다.

Answer　1.② 2.③ 3.⑤ 4.② 5.④

ADVICE》 ④ 복대리인은 대리인이 그의 권한 내의 행위를 행하게 하기 위하여 대리인 자신의 이름으로 선임한 본인의 대리인이다.

※ **복대리권의 소멸**
　㉠ 대리권의 일반의 소멸원인(본인의 사망과 대리인의 사망·성년후견의 개시·파산)이다.
　㉡ 대리인·복대리인 사이의 수권관계의 소멸이다.
　㉢ 대리인이 가지는 대리권의 소멸에 의하여 소멸한다.

6 복대리인에 관한 설명으로 틀린 것은?

① 법정대리인은 복대리인을 부득이한 사유로 인하여 선임한 경우는 책임이 경감된다.
② 법정대리인은 복대리인의 행위에 관하여 원칙상 무과실책임을 진다.
③ 법정대리인은 복대리인을 원칙상 둘 수 있다.
④ 임의대리인은 자기의 책임으로 복대리인을 선임할 수 있다.

ADVICE》 ④ 법정대리인은 그 책임으로 복대리인을 선임할 수 있으나〈제122조 본문〉, 임의대리인은 본인의 승낙이 있거나 또는 부득이한 사유가 있는 경우에 한하여 예외적으로 복임권을 갖는다〈제120조〉.

7 대리에 대한 다음 설명 중 틀린 것은?

① 임의대리에 있어서 대리는 사적자치의 확장이라는 기능을 한다.
② 대리의 본질적 작용은 어디까지나 사적자치의 보충이라는 기능이다.
③ 대리제도는 근대법에서 사적자치의 확장 외에 사적자치의 보충이라는 기능도 하고 있다.
④ 대리제도는 전적으로 근대사회의 소산이다.

ADVICE》 ② 대리의 본질적 작용은 어디까지나 사적자치의 확장이라는 기능이며, 사적자치의 보충이라는 기능은 제2차적인 작용에 불과하다.

8 대리인의 의무에 해당하는 사항이 아닌 것은?

① 충실의무
② 담보제공의무
③ 선관주의의무
④ 이익충돌의 금지의무

ADVICE » ② 담보제공의무는 대리인의 일반적인 의무라고 할 수 없다. 다만, 법원은 그 선임한 재산관리인으로 하여금 재산의 관리 및 반환에 관하여 상당한 담보를 제공하게 할 수 있다〈제26조 제1항〉.

9 권한을 정하지 아니한 대리인이 할 수 없는 행위는?

① 가옥의 대여
② 전(田)을 답(畓)으로 개량하는 행위
③ 기한이 도래한 채무의 변제
④ 부패하기 쉬운 물건의 처분행위

ADVICE » 대리권의 범위〈제118조〉 … 권한을 정하지 아니한 대리인은 다음의 행위만을 할 수 있다.
㉠ 보존행위
㉡ 대리의 목적인 물건이나 권리의 성질을 변하지 아니하는 범위에서 그 이용 또는 개량하는 행위

10 위임된 대리에 관한 설명으로 옳은 것은?

① 위임은 반드시 대리를 수반한다.
② 대리는 반드시 위임에 의하여 생긴다.
③ 대리권은 대리인이 본인에 대하여 부담하는 특정한 의무이다.
④ 하나의 법률행위로써 위임과 대리의 양자를 생기게 할 수 있다.

ADVICE » ① 위임이 대리를 수반하는 것이 보통이기는 하나, 위임과 대리가 반드시 결합하는 것은 아니다.
② 고용계약·도급계약·조합계약 등은 위임이 아니지만 대리권이 수여되기도 한다.
③ 대리권은 대리인이 본인의 이름으로 의사표시를 하거나 또는 의사표시를 받음으로써 직접 본인에게 법률효과를 귀속시킬 수 있는 법률상 지위 또는 자격이며, 본인에 대한 의무가 아니다.

Answer 6.④ 7.② 8.② 9.② 10.④

11 현명주의에 관하여 틀린 것은?

① 상행위에 관하여는 현명주의가 적용되지 않는다.
② 본인명의로 법률행위를 할 수 있는 권한까지도 위임된 때에는 대리인은 본인명의로 계약을 체결할 수 있다.
③ 현명하지 않은 대리행위의 효과는 대리인 자신을 위하여 한 것으로 간주되므로 대리인은 착오를 주장하지 못한다.
④ 현명주의에 있어서 본인을 위한 것이라 함은 '본인의 이익을 위하여'라는 뜻이다.

> **ADVICE** » ④ '본인을 위한 것'이란 본인에게 효과를 귀속시키려는 의사, 즉 대리적 효과의사라는 뜻이며, '본인의 이익을 위하여'라는 의미는 아니다. 그것은 '본인의 이름으로'라는 표현과 같은 것이다.
> ※ 현명주의…대리인의 행위가 대리인 자신이 아닌 본인에게 효과를 발생시키기 위해서는 대리인이 대리행위를 할 때에 반드시 대리의사, 즉 '본인을 위한 것임'을 표시하여야 한다. 또한, 대리인으로서 의사표시를 수령하는 데는 그 표의자 쪽에서 '본인을 위한 것임'을 표시하여야 한다.

12 대리인이 본인을 위한다는 것을 표시하지 아니하고 한 의사표시의 효력으로서 옳은 것은?

① 무효이다.
② 본인이 한 의사표시로 본다.
③ 본인과 대리인 모두 취소할 수 있다.
④ 대리인이 자기를 위하여 한 의사표시로 본다.

> **ADVICE** » 대리인이 본인을 위한 것임을 표시하지 아니한 때에는 그 의사표시는 자기를 위한 것으로 본다. 그러나 상대방이 대리인으로서 한 것임을 알았거나 알 수 있었을 때에는 직접 본인에게 대하여 효력이 생긴다〈제115조〉.

13 대리에 대한 설명으로 옳은 것은?

① 피성년후견인도 대리인이 될 수 있다.
② 대리인 개인을 중시하지 않는 거래에 있어서는 현명주의 예외를 인정하는 것이 통설이다.
③ 대리인은 의사무능력자이더라도 상관없다.
④ 본인이 지정한 물건을 매수하는 때에 본인이 그 물건에 하자가 있음을 알고 있더라도 대리인이 그 사실을 알지 못하는 한, 본인은 매도인에 대하여 하자담보의 책임을 물을 수 있다.

> ADVICE 》 ② 대리인 개인을 중시하지 않는 거래에 있어서는 현명주의 예외를 인정하지 않는 것이 다수설이다.
> ③ 대리인은 행위무능력자이더라도 상관없으나, 의사능력만은 가지고 있어야 한다.
> ④ 특정한 법률행위를 위임한 경우에 대리인이 본인의 지시에 좇아 그 행위를 할 때에는 본인은 자기가 안 사정 또는 과실로 인하여 알지 못한 사정에 관하여 대리인의 부지(不知)를 주장하지 못한다〈제116조 제2항〉.

14 대리인과 사자와의 차이에 관한 설명으로 틀린 것은?

① 대리인은 자기가 결정한 의사를 표시하지만, 사자는 타인이 결정한 의사를 표시하여 그 의사표시를 완성하는 것이다.
② 대리인은 의사능력이 필요없고 권리능력만 있으면 되고, 사자는 본인에게 의사능력이 필요하다.
③ 의사표시의 하자에 관하여 그 유무를 대리에서는 대리인에 관하여, 사자에서는 본인에 관하여 이를 정한다.
④ 대리를 허용하지 않는 행위에도 사자는 허용하는 경우가 많다.

> ADVICE 》 ② 대리인은 행위능력자임을 필요로 하지는 않으나 의사능력은 필요로 한다. 그런데 사자에 있어서는 본인에 관하여 일반원칙대로 의사능력과 행위능력을 필요로 하나, 사자에 관하여는 의사능력조차 필수의 요건이 아니다.

Answer   11.④ 12.④ 13.① 14.②

15 권한을 정하지 아니한 임의대리인이 어떤 경우에나 할 수 있는 것은?

① 처분행위 ② 개량행위
③ 보존행위 ④ 이용행위

> ADVICE 》 권한을 정하지 아니한 대리인은 보존행위, 대리의 목적인 물건이나 권리의 성질을 변하지 아니하는 범위에서 그 이용 또는 개량하는 행위만을 할 수 있다〈제118조〉.

16 다음 중 법정대리에 관한 설명으로 옳은 것은?

① 법정대리인의 대리행위는 대리인이 그 책임을 진다.
② 법정대리인은 법원이 선임하며 그 대리행위의 효력은 본인에게 미친다.
③ 법정대리인의 대리권에는 제한이 없다.
④ 법정대리인은 언제든지 복임권이 있다.

> ADVICE 》 ① 법정대리인의 대리행위의 효력은 본인에게 미친다.
> ② 법정대리인은 법원에서 선임하는 경우도 있으나, 본인에 대하여 일정한 지위에 있는 자가 당연히 법정대리인이 되기도 하며, 일정한 지정권자의 지정으로 법정대리인이 되는 때도 있다.
> ③ 대리권 제한에 관한 규정인 제124조(자기계약·쌍방대리의 금지)는 법정대리에도 적용된다.

17 다음 내용 중 옳은 것은?

① 대리는 위임의 대외관계이다.
② 대리와 위임은 관념상 동일한 것이다.
③ 대리와 위임이 문제되는 것은 임의대리의 경우이다.
④ 법정대리의 경우에도 대리와 위임의 문제는 발생한다.

> ADVICE 》 ① 대리는 위임의 대외관계가 아니라는 것이 통설이다.
> ② 대리와 위임은 명확히 구별된다.
> ④ 법정대리는 법률의 규정, 지정권자의 지정, 법원의 선임행위에 의하여 발생하고, 임의대리는 본인의 의사에 기한 대리권 수여행위에 의하여 발생한다. 위임은 대리권 수여행위와 관계된다.

18 대리에 대한 설명 중 옳지 않은 것은?

① 대리인인 자가 제한능력으로 된 경우에도 대리권이 소멸하지는 않는다.
② 친권자가 미성년 자녀의 가옥을 매도하는 것은 대리에 해당한다.
③ 법인의 이사가 법인의 사무를 처리하는 것은 대리가 아니다.
④ 특별한 사정이 없는 한, 대리인은 능동대리뿐만 아니라 수동대리에 관하여도 대리권을 가진다.

ADVICE » ① 행위능력자인 대리인이 후에 피성년후견인이 되는 경우에는 이에 관하여 대리권은 소멸한다.

19 대리권의 제한에 대한 설명으로 틀린 것은?

① 공동대리에 의한 제한이 있는 경우라도 수동대리에 있어서는 각 대리인이 단독으로 수령할 권한이 있다고 해석하는 것이 다수설이다.
② 대리인이 수인인 때에는 원칙적으로 각자가 본인을 대리한다.
③ 본인이 미리 자기계약·쌍방대리를 허락한 경우에는 그러한 대리는 유효하다.
④ 대리에 있어서 삼면관계가 생긴다는 것은 현실적으로 3인격자를 필요로 한다는 의미이므로, 이론적으로도 자기계약과 쌍방대리는 대리로서 성립할 수 없다.

ADVICE » ④ 대리에 있어서 삼면관계가 생긴다는 것은 현실적으로 3인격자를 필요로 한다는 의미가 아니고, 법률상의 3주체를 필요로 한다는 의미이다.

20 복대리에 관한 설명 중 틀린 것은?

① 복대리인이 다시 복대리인을 선임할 수 있는가에 관하여 통설은 긍정한다.
② 복대리인은 본인의 대리인이므로, 대리인의 감독을 받지 않는다.
③ 복대리인은 제3자에 대하여는 대리인과 동일한 권리·의무가 있다.
④ 대리인이 수임인인 경우에는 복대리인도 본인에 대하여 수임인으로서의 권리·의무를 가지게 된다.

ADVICE » ② 복대리인은 대리인의 복임권에 기하여 선임된 자이므로 대리인의 감독을 받는다.

Answer 15.③ 16.④ 17.③ 18.① 19.④ 20.②

21 법정추인의 요건에 관한 내용으로 틀린 것은?

① 법정대리인이 취소의 원인이 소멸되기 전에 일정한 행위를 한 때에는 법정추인이 된다.
② 취소권자가 일정한 행위를 함에 있어서 이의를 보류하지 않았어야 한다.
③ 취소권자에게 추인의 의사가 있어야 한다.
④ 취소권의 존재를 알고 있을 필요는 없다.

ADVICE 》 추인
  ㉠ **추인의 요건**: 추인은 취소의 원인이 소멸된 후에 하여야만 효력이 있으며 이 규정은 법정대리인 또는 후견인이 추인하는 경우에는 적용하지 않는다〈제144조〉.
  ㉡ **법정추인**: 취소할 수 있는 법률행위에 관하여 일정한 행위(전부나 일부의 이행, 이행의 청구, 경개, 담보의 제공, 취소할 수 있는 행위로 취득한 권리의 전부나 일부의 양도, 강제집행)가 있으면 추인한 것으로 본다. 그러나 이의를 보류한 때에는 그러하지 아니한다〈제145조〉. 취소권자에게 추인의 의사가 있어야 할 필요도 없고, 취소권의 존재를 알고 있을 필요도 없다.

22 다음 사항 중 틀린 것은?

① 대리인이 한 불법행위의 효과는 직접 본인에게 귀속하지 않는 것이 원칙이다.
② 본인은 그 법률관계가 종료하기 전에는 항상 대리권의 수권행위를 철회할 수 있다.
③ 간접대리의 효과는 직접 본인에게 귀속하지 않는다.
④ 법정대리인은 항상 본인과의 일정한 관계에 의하여 법률상 당연히 본인을 대리하는 자를 말한다.

ADVICE 》 ④ 법정대리인에는 본인과의 일정한 관계에 의하여 법률상 당연히 본인을 대리하는 자뿐만 아니라 본인 이외의 일정한 지정권자의 지정에 의하여 대리인이 된 자와 법원의 선임행위에 의하여 대리인이 된 자도 있다.

23 다음 내용 중 옳은 것은?

① 소멸시효의 중단은 항상 당사자 및 그 승계인 사이에서만 효력을 미친다.
② 모든 기간계산에는 초일을 산입하지 않는다.
③ 복대리인은 어느 경우에나 임의대리인이다.
④ 이사 및 감사는 모두 법인의 필수기관이다.

> ADVICE » ① 소멸시효의 중단은 당사자 및 그 승계인 사이에서만 효력이 있는 것이 원칙이나, 지역권, 연대보증, 보증채무 등에서는 그 법률관계의 특수성으로 인해 예외가 인정된다.
> ② 연령계산이나 0시로부터 기산하는 경우에는 초일을 산입한다.
> ④ 감사는 임의기관이다.

24 수권행위에 관한 설명으로 틀린 것은?

① 수권행위를 단독행위라고 할 경우 본인의 의사표시의 결점은 수권행위에 영향을 미치지 않게 된다.
② 수권행위가 계약인가 단독행위인가에 관하여는 견해가 대립되나, 다수설은 단독행위로 파악한다.
③ 수권행위는 본인과 대리인 사이의 내부관계를 발생케 하는 행위와는 독립하여 대리권의 발생만을 목적으로 하는 행위이다.
④ 수권행위가 유인행위인가 또는 무인행위인가에 관하여는 학설이 대립되는데, 무인행위로 새길 경우가 대리행위의 상대방을 두텁게 보호하고 또 거래의 안전을 확보하게 된다.

> ADVICE » ① 수권행위를 단독행위로 여길 경우에는 수권에 있어서의 대리인의 의사표시에 흠이 있을 때 그것이 수권행위에 영향을 미치지 않는다. 그러나 본인의 의사표시의 결점은 수권행위에 영향을 주고 그 효력을 좌우하게 된다.

Answer 21.③ 22.④ 23.③ 24.①

25 대리에 대한 설명 중 틀린 것은?

① 피한정후견인은 대리인이 될 수 없다.
② 대리인이 본인을 위한 것임을 표시하지 아니한 때에는 원칙적으로 그 의사표시는 자기를 위한 것으로 본다.
③ 대리인이 수인인 때에는 각자가 본인을 대리하는 것이 원칙이다.
④ 회사명·직명 등을 적는 경우에는 당해 회사를 위한 것으로 보아야 한다.

> **ADVICE** ① 대리인은 행위능력자임을 요하지 아니하므로, 피한정후견인도 대리인이 될 수 있다.
> ④ 대리의사를 반드시 본인의 성명을 명시하는 형식으로 표시하여야 하는 것은 아니며, 주위의 사정으로 본인이 누구인지를 알 수 있으면 된다.

26 다음 중 본인, 그 대리인 및 복대리인 사이의 법률관계에 관한 설명으로 옳은 것은?

① 임의대리인은 언제든지 복대리인을 선임할 수 있으나, 법정대리인은 본인의 승낙이나 부득이한 사유가 있어야 복대리인을 선임할 수 있다.
② 복대리인은 대리인이 선임한 것이기 때문에 본인의 이름이 아닌 대리인의 이름으로 대리한다.
③ 복대리인이 대리인의 대리권의 범위를 초과한 행위를 한 경우에, 본인은 그 행위를 추인할 수 있다.
④ 대리인이 본인의 허락을 얻고 복대리인을 선임한 경우에, 대리인은 복대리인 선임에 대한 책임을 부담하지 아니한다.

> **ADVICE** ① 임의대리인은 본인의 승낙이나 부득이한 사유가 있는 때에 복대리인을 선임할 수 있지만, 법정대리인은 복대리인을 선임함에 있어 자유롭다.
> ② 복대리인은 본인의 대리인으로서 본인과 대리인과의 모든 관계를 복대리인도 갖고 있으며, 본인의 이름으로 법률행위를 하고 그 효과도 본인에게 직접 귀속된다.
> ④ 대리인이 복대리인을 선임한 때에는 본인에게 대하여 그 선임감독에 관한 책임이 있다〈제121조 제1항〉.

27 수동대리에 관한 설명 중 가장 옳은 것은?

① 수동대리에는 능동대리에 관한 법원칙이 부분적으로 준용된다.
② 수동대리인은 반드시 행위능력을 가져야 한다.
③ 수권행위로 공동대리를 정한 경우 수동대리도 공동으로 하여야 한다는 것이 통설의 입장이다.
④ 수동대리란 의사의 표시를 상대방에게 하는 경우의 대리를 말한다.

> ADVICE » ① 제114조 제2항
> ② 대리인은 행위능력자임을 요하지 아니한다〈제117조〉.
> ③ 공동대리는 능동대리에만 적용될 뿐, 수동대리에 있어서는 그 적용이 없다는 견해가 통설이다.
> ④ 수동대리란 상대방이 대리인에게 표시하는 경우를 말한다.

28 대리와 사자의 차이에 관한 설명 중 옳지 않은 것은?

① 대리와 사자의 구별은 법률행위의 효과의사를 누가 결정하느냐의 문제이다.
② 대리인은 자기가 결정한 의사를 표시하나, 사자는 본인이 결정한 의사를 표시한다.
③ 의사표시의 하자의 유무에 관하여, 대리에서는 대리인에 관하여 결정하고, 사자는 본인에 관하여 결정한다.
④ 대리인에게는 의사능력이 필요없으나, 사자에게는 의사능력이 필요하다.

> ADVICE » 본인의 의사표시를 단순히 전달하거나, 또는 본인이 결정한 의사를 상대방에게 그대로 표시함으로써 표시행위의 완성에 협력하는 자가 사자이다. 이 점에서 대리인 자신의 효과의사를 결정하는 대리와는 다르다. 그러므로 사자에 있어서는 본인이 행위능력을 가져야 하고, 또한 의사표시의 흠결 등은 본인을 기준으로 판단한다. 사자는 대리가 인정하지 않는 행위(예컨대 사실행위)에 있어서도 허용되는 경우가 많다.
> ④ 대리인은 의사능력이 있어야 하나, 사자에게는 의사능력이 필요없다.

Answer   25.① 26.③ 27.① 28.④

29 수권행위 및 기초적 내부관계에 관한 설명 중 옳지 않은 것은?

① 수권행위와 기초적 행위가 합쳐져서 하나의 행위로 행하여질 수는 없다.
② 대리는 기초적 내부관계인 고용, 도급, 조합계약에서 생긴다.
③ 수권행위는 통설에 의하면 단독행위이다.
④ 수권행위와 그 원인이 되는 계약관계와의 관계에 관하여는 무인설이 다수설이다.

ADVICE 》 ① 수권행위는 기초적 내부관계를 발생케 하는 행위(고용, 위임, 도급 등)와는 구별된다. 그러나 이것이 수권행위와 기초적 행위가 언제나 독립한 별개의 행위라는 것은 아니며, 일반적으로는 양자가 하나의 합체된 형태로 나타나는 경우가 많다.
③ 수권행위의 법률적 성질에 관하여는 계약설과 단독행위설이 대립하나, 단독행위설이 다수설이다.
④ 수권행위의 성질에 관하여 무인설이 다수설이다. 따라서 기초적 내부관계에 무효 등의 사유가 존재한다고 해서 수권행위가 당연히 무효가 되는 것은 아니다.

30 회사 사장의 축사를 부사장이 대독하는 행위의 성질은?

① 대표
② 대리
③ 표현대리
④ 사자

ADVICE 》 사장이 결정한 의사를 부사장이 대신 표시하는 것에 불과하기 때문에 이는 사자로 보아야 한다.

31 다음 중 법정대리인이 아닌 자는?

① 위임관재인
② 각종 후견인
③ 파산관재인
④ 법원이 선임한 부재자의 재산관리인

ADVICE 》 ① 부재자 스스로 선임한 임의대리인이다.
※ 법정대리의 발생요인
㉠ 법률규정에 의한 일정한 자가 당연히 대리인이 되는 경우(친권자, 후견인)
㉡ 일정한 지정권자의 지정으로 대리인이 되는 경우(지정후견인, 지정유언집행자)
㉢ 가정법원이 선임하는 자가 대리인이 되는 경우(법원이 선임한 부재자의 재산관리인, 법원이 선임한 상속재산관리인, 선임유언집행자)

32 임의대리와 법정대리를 구별하는 표준에 관한 설명 중 옳지 않은 것은?

① 대리권이 본인의 의사에 기인하여 수여되는 것이 임의대리이고, 법률의 규정으로 수여되는 것이 법정대리이다.
② 대리권의 범위가 수권행위에 의하여 정하여지는 것이 임의대리이고, 법률로서 정하여지는 것이 법정대리이다.
③ 대리인을 두는 것이 임의적인 것은 임의대리이고, 법률에 의하여 두는 것은 법정대리이다.
④ 대리인이 마음대로 대리인을 선임할 수 있는 것이 임의대리이고, 대리인을 마음대로 선임할 수 없는 것이 법정대리이다.

　ADVICE 》 ④ 법정대리는 복임권이 자유로운 데 반하여, 임의대리는 본인의 사전승낙이 존재하거나 부득이한 사유가 존재하는 경우에만 예외적으로 인정된다.

33 대리행위에 관한 설명 중 옳지 않은 것은?

① 대리인이 본인의 인장을 사용하여 본인명의의 증서를 작성하는 것은 대리의사가 표시되었다고 해석하는 것이 통설이다.
② 대리의사가 표시되지 않은 대리인의 의사표시는 대리인 자신을 위하여 한 것으로 본다.
③ 수동대리에 있어서는 상대방 쪽에서 본인에 대한 의사표시임을 표시해야 대리의 의사가 있는 것으로 된다.
④ 상행위의 대리에 있어서는 대리인이 본인을 위한 것임을 표시하지 아니하면 본인에 대하여 효력이 없다.

　ADVICE 》 ④ 상행위에 관해서는 현명주의가 적용되지 않는다. 따라서 상행위 대리에 있어서는 대리인이 본인을 위한 것임을 표시하지 아니하여도 본인에 대하여 효력이 있다.

Answer　29.① 30.④ 31.① 32.④ 33.④

34 우리 민법상 자기계약과 쌍방대리에 관한 설명 중 옳지 않은 것은?

① 부득이한 경우에는 자기계약, 쌍방대리는 허용된다.
② 본인이 미리 허락한 때에는 자기계약, 쌍방대리가 허용된다.
③ 채무이행에 관하여는 자기계약, 쌍방대리가 허용된다.
④ 본인의 허락 없이 한 자기계약, 쌍방대리는 전혀 무효가 아니라 무권대리행위이다.

　　ADVICE 》 민법은 본인의 이익을 보호하기 위하여 자기계약과 쌍방대리를 원칙적으로 금지한다. 다만 본인의 이익을 해할 염려가 없는 경우에는 예외적으로 자기계약, 쌍방대리가 인정된다. 그리하여 본인이 미리 그것들을 허락한 경우와, 채무의 이행 및 채무이행과 동시(同視)할 수 있는 행위, 즉 새로운 이해관계를 생기게 하지 않는 행위에 관하여는 자기계약, 쌍방대리가 허용되지만 부득이한 경우에까지 확대되지는 않는다.

35 복임권(복대리인을 선임할 수 있는 권리)에 관한 설명 중 옳은 것은?

① 법정대리인은 항상 복임권을 갖는다.
② 임의대리인은 부득이한 사유가 있는 경우에 한하여 복임권을 갖는다.
③ 법정대리인은 법원이 부득이한 사유가 있다고 인정한 경우에 한하여 복임권을 갖는다.
④ 임의대리인은 본인이 승낙하고 또한 부득이한 사유가 있는 경우에 한하여 복임권을 갖는다.

　　ADVICE 》 ② 임의대리인은 원칙적으로 복임권을 가지지 못하며, 본인의 승낙이 있거나 부득이한 사유가 있는 때에 한하여 예외적으로 복임권을 가질 뿐이다.
　　　　　　③ 법정대리인은 언제든지 복임권이 있다.
　　　　　　④ 임의대리인이 복임권을 갖는 것은 본인이 승낙하고 또한 부득이한 사유가 있는 경우가 아니고, 본인의 승낙이 있거나 부득이한 사유가 있는 경우이다.

36 다음 중 쌍방대리 또는 자기계약 금지의 예외라 할 수 있는 것은?

① 대물변제
② 선택채무의 이행
③ 부동산이전등기 신청
④ 다툼이 있는 채무의 변제

　　ADVICE 》 ③ 쌍방대리의 한 형태로 인정된다.

37 대리행위에 관한 다음 설명 중 옳지 않은 것은 몇 개인가?

> ㉠ 대리인이 한 불법행위의 효과는 본인에게 귀속되지 아니한다.
> ㉡ 대리인의 제한능력을 이유로 그 대리행위를 본인이 취소할 수 있다.
> ㉢ 대리인은 행위능력자임을 요하지 않는다.
> ㉣ 대리인이 의사무능력자인 경우 그 대리행위는 항상 무효이다.
> ㉤ 대리인이 본인의 인장을 사용하여 본인명의 증서를 작성하는 것은 대리의사가 표시되었다고 해석되는 것이 통설적 견해이다.

① 1개 ② 2개
③ 3개 ④ 4개

ADVICE » ㉡ 대리인은 행위능력자임을 요하지 아니하므로, 특약이 없는 한, 대리인의 행위제한능력을 이유로 그 대리행위를 취소할 수 없다.

38 대리권의 범위가 분명하지 않을 경우라도 대리인이 할 수 있는 행위만으로 묶인 것은?

> ㉠ 건물 임대차계약체결   ㉡ 건물시설의 보수행위
> ㉢ 저당권설정행위   ㉣ 미등기부동산의 보존등기
> ㉤ 밭을 논으로 개량하는 행위   ㉥ 소멸시효 중단행위

① ㉠㉡㉢㉣   ② ㉠㉡㉣㉥
③ ㉡㉢㉣㉤   ④ ㉢㉣㉤㉥

ADVICE » 대리권의 범위가 분명치 않을 경우에 대리인은 보존, 이용 및 개량 등 관리행위를 할 수 있는데〈제118조〉, 보존행위는 무제한 가능하나(㉡㉣㉥), 이용 및 개량행위는 성질이 변하지 않는 범위 내(㉠)에서 가능하다. 따라서 처분성을 갖는 저당권설정행위와 지목이 변하는 행위는 할 수 없다.

Chapter 02 무권대리

1 협의의 무권대리의 계약에 관한 설명이다. 틀린 것은?

① 본인이 상당한 기간 내에 확답이 없으면 추인한 것으로 본다.
② 본인이 추인을 거절하였을 때에도 본인의 이익이 침해되면 무권대리인에게 불법행위로 인한 손해배상을 청구할 수 있다.
③ 상대방은 본인의 추인이 있을 때까지는 철회할 수 있다.
④ 상대방은 본인에 대하여 추인 여부의 최고를 할 수 있다.

ADVICE 》 ① 추인을 거절한 것으로 본다〈제131조〉.

2 무권대리인의 추인에 대한 설명으로 틀린 것은?

① 추인은 다른 의사표시가 없는 때에는 계약시에 소급하여 그 효력이 생긴다.
② 추인은 무권대리인이나 상대방의 동의를 요하지 않는다.
③ 추인은 묵시적으로도 할 수 있다.
④ 추인은 무권대리행위의 상대방에 대하여 하여야 하며, 무권대리인에 대하여는 하지 못한다.

ADVICE 》 ④ 추인의 상대방은 무권대리행위의 상대방 또는 무권대리인이다.

3 무권대리에 관한 설명으로 옳은 것은?

① 본인이 추인해도 무효이다.
② 본인이 취소할 때까지 유효하다.
③ 본인이 추인하면 유효하다.
④ 상대방 없는 단독행위의 무권대리는 원칙적으로 유효이다.

> **ADVICE** ①② 추인이 있으면 무권대리행위는 소급적으로 법률효과가 발생한다.
> ④ 상대방 없는 단독행위의 무권대리는 무효이다.

4 민법 제126조의 표현대리에 관한 다음의 설명 중 틀린 것은?

① 대리인이 권한 밖의 행위를 해야 한다.
② 상대방의 신뢰에 관하여 본인의 과실이나 행위가 원인이 되어야 한다.
③ 임의대리·법정대리에 모두 적용된다.
④ 상대방의 악의·과실의 입증책임은 본인에게 있다.

> **ADVICE** 대리권한을 넘은 표현대리〈제126조〉는 대리인이 권한 외의 법률행위를 하였어야 한다. 또한, 상대방이 선의·무과실이어야 한다.
> ② 상대방의 신뢰에 관하여 본인의 과실이나 행위가 원인이 되어야 하는 것은 아니며, 대리권의 존재라는 사실에 기하여 상대방의 신뢰가 생긴 것으로 족하다.

5 대리권 소멸 후의 표현대리와 관련하여 그 요건상 틀린 것은?

① 대리인이 이전에는 대리권을 가지고 있었으나 행위시에는 대리권이 소멸했어야 한다.
② 상대방은 선의이고 무과실이어야 한다.
③ 제3자는 대리행위의 상대방과 그 상대방과의 거래관계에 있는 제3자도 포함하여야 한다.
④ 대리권이 존재하였다는 것과 상대방의 신뢰 사이에 인과관계가 있어야 한다.

> **ADVICE** ③ 제129조의 제3자는 대리행위의 상대방을 의미하며, 그와 거래한 제3자는 포함하지 않는다.

Answer 1.① 2.④ 3.③ 4.② 5.③

6 표현대리에 관한 설명으로 옳지 않은 것은?

① 복대리인이 대리행위를 한 경우에도 표현대리가 성립할 수 있다.
② 법정대리의 경우에도 대리권 소멸 후의 표현대리가 성립될 수 있다.
③ 기본대리권이 표현대리행위와 동종·유사한 것이 아니면 권한을 넘은 표현대리가 성립할 수 없다.
④ 대리행위가 권한을 넘는 표현대리에 해당하는지 여부를 판단할 때, 정당한 이유의 존부는 대리행위 당시를 기준으로 판단한다.

> ADVICE 》 ③ 정당하게 부여받은 대리권의 내용되는 행위와 표견대리행위는 반드시 같은 종류의 행위에 속할 필요는 없다(대판 1969.07.22. 69다548).

7 표현대리에 대한 설명으로 옳은 것은?

① 선의·무과실의 입증책임은 상대방이 하여야 한다.
② 무권대리인이 통지에서 수여한 것으로 표시된 대리권의 범위를 넘은 대리행위를 한 때에는 대리권 수여의 표시에 의한 표현대리가 되지 않는다.
③ 대리권 수여의 표시는 대리행위가 있은 후 철회할 수 있다.
④ 대리권 수여의 표시는 수권행위이다.

> ADVICE 》 ① 본인이 상대방의 악의·유과실을 입증하여야 한다.
> ③ 대리권 수여의 표시(통지)는 대리행위가 있기 전에 철회할 수 있다.
> ④ 대리권 수여의 표시는 관념의 통지이다.

8 무권대리에 대한 설명 중 틀린 것은?

① 본인의 이익의 희생하에 상대방 및 거래의 안전을 보호하려는 제도이다.
② 협의의 무권대리의 경우에는 본인의 추인은 유효한 법률행위를 확정적으로 유효하게 하는 것이다.
③ 표현대리의 경우에는 본인은 무권대리인의 대리행위에 대하여 책임이 있다.
④ 무권대리에는 표현대리와 협의의 무권대리가 있다.

> ADVICE 》 ② 협의의 무권대리에 있어서 본인의 추인은 무효인 행위를 소급적으로 유효하게 하는 것이다.

9 무권대리행위의 추인에 관한 내용으로 틀린 것은?

① 무권대리인에 대하여 추인을 한 경우에도 언제나 그 무권대리행위의 상대방이 가지는 철회권은 소멸한다.
② 추인은 본인의 단독행위이며 무권대리인 또는 상대방의 동의를 요하지 않는다.
③ 추인의 상대방은 무권대리인 또는 그 상대방의 어느 편이라도 좋다.
④ 본인이 추인한 때에는 무권대리행위는 처음부터 적법한 대리행위였던 것과 마찬가지로 된다.

> ADVICE » ① 무권대리인에 대하여 추인한 경우에는 상대방이 추인이 있었음을 알지 못하는 때에는 본인이 상대방에 대하여 추인의 효과를 주장하지 못한다. 그 결과 상대방은 추인이 있었음을 알 때까지는 철회할 수 있다.

10 표현대리에 관한 설명으로 옳은 것은?

① 표현대리의 요건을 갖추면 무권대리의 효과가 상대방에게 귀속한다.
② 표현대리는 상대방이 이를 주장할 때 문제가 된다.
③ 표현대리의 결과 본인은 상대방에 대하여 채무를 이행하여야 할 의무는 없지만 채권 기타의 권리는 취득한다.
④ 표현대리의 경우에 상대방은 이를 철회할 수 없다.

> ADVICE » ① 표현대리의 요건을 갖추는 경우에는 무권대리행위의 효과가 본인에게 귀속한다.
> ③ 본인은 상대방에 대하여 채무를 이행할 의무를 질 뿐만 아니라 채권 기타의 권리도 취득하게 된다.
> ④ 표현대리는 무권대리행위로서의 성질을 가지므로 상대방은 철회하거나 본인에 대하여 추인 여부를 최고할 수 있다.

Answer   6.③ 7.② 8.② 9.① 10.②

11 무권대리에 대한 설명으로 틀린 것은?

① 무권대리인과 본인 사이에 부당이득이 문제될 수도 있다.
② 추인·최고·철회에 관한 규정은 표현대리에도 적용된다.
③ 단독행위의 무권대리는 언제나 절대무효이다.
④ 상대방의 철회권은 선의인 경우에만 인정된다.

> ADVICE » ③ 상대방 없는 단독행위의 무권대리는 언제나 절대무효이다. 그에 비하여 상대방 있는 단독행위의 무권대리는 원칙적으로 무효이나 예외가 인정되고 있다.

12 무권대리인의 상대방에 대한 책임에 관한 설명으로 틀린 것은?

① 상대방의 손해배상청구권의 소멸시효는 선택권을 행사할 수 있는 때부터 진행한다.
② 무권대리인은 상대방의 선택에 따라 이행 또는 손해배상의 책임을 지는데, 여기서의 손해배상은 신뢰이익의 배상이다.
③ 제한능력자라도 법정대리인의 동의를 얻어서 무권대리행위를 한 경우에는 책임이 생길 수 있다.
④ 본인의 추인이 있으면 무권대리인의 책임이 생기지 않는다.

> ADVICE » ② 손해배상의 범위에 관하여는 이행이익의 배상(적극적 계약이익)이라는 견해가 다수설이다.

13 제125조의 표현대리의 요건 및 효과에 관한 설명으로 옳지 않은 것은?

① 본인이 제3자에 대하여 어떤 자에게 대리권을 수여하였음을 표시해야 한다.
② 무권대리인이 그 통지에서 수여한 것으로 표시된 대리권의 범위 내에서 대리행위를 하여야 한다.
③ 대리행위는 반드시 통지를 받은 상대방과 할 필요는 없다.
④ 대리행위는 통지받는 범위 내의 행위이어야 한다.

> ADVICE » ③ 무권대리행위는 그 통지를 받은 상대방과의 관계에서 행하여져야 한다.

14 다음 중 표현대리가 성립하지 않는 경우는?

① 백지위임장을 교부하였으나 실제 대리권을 수여하지 않았는데도 상대방이 그 위임장을 믿고 위임장 기재의 거래행위를 하였을 때
② 처가 남편의 유학 중 그 인감을 사용하여 남편의 전답을 팔아 맏아들의 대학등록금을 납부하였을 때
③ 甲의 수금원 乙이 해고당했음에도 불구하고 이를 모르는 丙으로부터 여전히 甲의 대리인으로서 수금을 한 때
④ 인감증명서를 위조하여 타인소유의 부동산을 자기명의로 소유권을 이전한 후 이를 제3자에게 매각한 때

ADVICE » ① 제125조의 대리권 수여의 표시에 의한 표현대리이다.
② 이른바 부부간의 일상가사대리권을 기초로 하는 제126조의 표현대리이다. 부부 상호간에는 일상가사대리권이라는 부부의 일상생활에 필요한 범위 내에서 인정되는 기초적 대리권이 인정되는 바, 이를 기초로 하여 이를 초과하는 법률행위가 있었을 때 표현대리가 인정되는 경우가 있다. 다만 여기서 중요한 점은 표현대리로 인정할 수 있는 정당한 사유가 존재하는지 여부이나, 제시된 사례의 경우는 정당한 사유가 존재하는 경우로 보아 표현대리를 인정하는 데 별 문제가 없다. 남편의 사고로 인한 입원, 남편의 수감 등과 같은 것은 정당한 사유가 될 수 있다.
③ 제129조의 대리권 소멸 후의 표현대리이다.
④ 아무런 권한 없이 타인의 부동산을 사취한 것이므로 표현대리의 문제가 아니다.

15 무권대리에 관한 설명 중 옳지 않은 것은?

① 무권대리제도는 대리제도의 신용유지 및 본인의 보호와 거래안전 보호간의 조화를 위한 제도이다.
② 협의의 무권대리는 언제나 무효이다.
③ 무권대리인은 과실이 없어도 상대방에게 책임이 있다.
④ 표현대리에는 협의의 무권대리에 관한 규정이 적용되지만 제135조는 적용되지 아니한다.

ADVICE » ② 본인의 추인이 있으면 유효하게 된다.

Answer 11.③ 12.② 13.③ 14.④ 15.②

16 다음 설명 중 옳은 것은?

① 무권대리행위를 추인하면 그 행위 자체가 소급적으로 유효가 된다.
② 사기에 의한 의사표시를 추인하면 그때부터 유효가 된다.
③ 반사회적 법률행위도 추인하면 유효가 될 수 있다.
④ 허위표시를 추인하면 소급적으로 유효가 된다.

> ADVICE 》 ② 사기의 경우 추인하면 취소할 수 없는 법률행위로 확정된다.
> ③ 반사회적 법률행위는 추인할 수 없는 것이다.
> ④ 허위표시는 무효이므로 무효행위에 대한 추인은 장래에 향하여 효력을 발생하는 것이 원칙이다. 그 경우에도 새로운 법률행위로서 유효한 것이지 무효행위가 유효로 되는 것은 아니다.

17 무권대리의 추인에 관한 설명 중 옳지 않은 것은?

① 추인은 원칙적으로 소급효를 갖는다.
② 추인은 단독행위이다.
③ 본인의 추인이 있으면 상대방의 철회권은 소멸한다.
④ 추인은 무권대리인이나 상대방 아무에게나 하여도 효력에 차이가 없다.

> ADVICE 》 ④ 추인의 의사표시는 무권대리인 또는 상대방에 대하여 할 수 있다. 그러나 상대방에 대하여 하는 경우에는 추인으로서의 효력이 완전히 생기지만, 무권대리인에 대하여 하는 경우에는 상대방이 추인이 있었음을 알지 못하는 때에는 이에 대하여 추인의 효과를 주장하지 못한다. 따라서 그때까지는 상대방이 철회할 수 있다.

18 무권대리인의 책임요건에 관한 설명 중 옳지 않은 것은?

① 본인의 무권대리행위에 대한 추인이 없을 것
② 행위 당시 상대방이 대리권 없음을 알지 못하고 또 알지 못하는 데 과실이 없을 것
③ 무권대리인에게 과실이 있을 것
④ 무권대리인이 행위능력자일 것

> ADVICE 》 ③ 제135조의 책임은 무과실책임이므로 무권대리인에게 과실이 있을 것을 요하지 아니한다.

19 대리권 소멸 후의 표현대리에 관한 설명 중 옳지 않은 것은?

① 대리인이 대리행위시에 대리권이 소멸하고 있어야 한다.
② 제129조에서 제3자라 함은 상대방과 거래한 제3자를 포함하지 않는다.
③ 본인은 상대방에 대하여 대리권의 소멸을 주장하지 못하며 책임을 져야 한다.
④ 상대방은 다른 표현대리의 경우와는 달리 선의이면 족하다.

ADVICE ›› ④ 상대방은 선의이고 무과실이어야 한다.

20 甲으로부터 아무런 대리권을 받음이 없는 乙이 甲의 대리인이라 칭하며, 丙과 매매계약을 체결한 경우, 다음 설명 중 옳은 것은?

㉠ 甲이 추인하더라도 결코 乙과 丙 사이의 매매계약은 유효로 되지 아니한다.
㉡ 甲으로부터 추인을 얻지 못하고, 乙 스스로 대리권을 증명하지 못할 경우, 乙은 丙의 선택에 따라 매매계약에 따른 이행 또는 손해배상책임을 진다.
㉢ 丙이 甲에게 추인 여부를 최고한 경우, 甲이 그 유효기간 내에 확답을 발하지 않으면, 거절한 것으로 본다.
㉣ 판례에 의하면 乙이 甲을 상속한 경우, 乙이 甲의 지위에서 무권대리에 의한 무효를 주장하는 것은 신의칙에 반한다고 본다.
㉤ 乙의 무권대리행위가 있었음을 알고 있는 甲이 丙으로부터 매매중도금을 직접 수령하였다면, 이는 법정추인으로 되어 乙과 丙 사이의 매매계약은 유효하게 된다.
㉥ 甲의 추인을 얻지 못하거나, 대리권을 입증하지 못한 乙이 제한능력자라 하더라도 丙에 대한 책임을 진다.

① ㉠㉡㉢㉣
② ㉡㉢㉣㉤
③ ㉡㉢㉣㉥
④ ㉡㉣㉤㉥

ADVICE ›› ㉠ 甲이 추인하면 비록 무권대리라 하더라도 유효하게 된다.
㉥ 무권대리인이 상대방에게 책임을 지기 위한 요건으로서 무권대리인은 행위능력자이어야 한다.

21 협의의 무권대리에 관한 설명 중 옳지 않은 것은?

① 본인의 추인이 있으면 사후의 대리권 수여로 보아 유권대리가 된다.
② 무권대리인의 책임은 무과실책임이다.
③ 무권대리인의 손해배상책임은 이행이익의 배상을 의미한다.
④ 계약의 경우 무권대리인의 상대방은 본인에 대하여 최고권과 철회권을 갖는다.

ADVICE 》 ① 본인의 추인으로 무권대리행위는 유효하게 되지만, 이것은 사후의 대리권의 수여로 보아 유권대리가 된다는 것과는 구별되어야 한다.

22 표현대리에 관한 설명 중 옳지 않은 것은?

① 상대방은 표현대리행위를 무권대리행위로서 철회할 수 있다.
② 상대방뿐만 아니라 본인도 표현대리를 주장할 수 있다.
③ 표현대리의 경우에 본인은 의무를 부담할 뿐만 아니라 권리도 취득한다.
④ 상대방이 표현대리를 주장하지도, 무권대리행위로 철회하지도 않으면서 곧바로 민법 제135조에 의한 무권대리인에게 책임을 물을 수 있는가에 관하여 견해가 대립한다.

ADVICE 》 ② 본인이 스스로 표현대리를 주장할 수는 없다.

23 상대방의 동의를 불문하고 절대무효인 무권대리행위는?

① 계약해제
② 채무면제
③ 상속포기
④ 동의

> **ADVICE** ①②④ 상대방 있는 단독행위이다.
> ③ 상대방 없는 단독행위(재단법인 설립행위, 상속의 승인, 소유권의 포기 등)에 대한 무권대리행위는 언제나 절대적 무효이다.

Answer 21.① 22.② 23.③

PART

법률행위의 무효와 취소

-----

01. 무효인 법률행위
02. 취소할 수 있는 법률행위

Chapter 01 무효인 법률행위

1 다음 중 상대적 무효인 것은?

① 탈법행위
② 의사무능력자의 법률행위
③ 원시적 불능의 법률행위
④ 상대방이 표의자의 진의 아님을 알 수 있었을 비진의 표시

> ADVICE » ① 탈법행위는 강행법규를 간접적으로 위반하는 법률행위로서 절대적 무효에 속한다.
> ※ 무효
> ㉠ 상대적 무효: 특정인에게 주장할 수 없는 무효(비진의가 무효인 경우, 허위표시)
> ㉡ 절대적 무효: 누구에게 대하여도, 누구에 의하여서도 주장될 수 있는 무효(의사무능력자의 행위, 사회질서 위반의 행위)

2 다음 중 무효인 행위는?

① 무권대리인이 한 계약
② 불능한 해제조건부의 계약
③ 내용이 불확정한 법률행위
④ 타인이 소유하는 재산의 매매계약

> ADVICE » ③ 내용이 불확정한 법률행위는 외형적으로는 법률행위의 모습을 갖추고 있더라도 무효이다.

3 다음 내용 중 절대적 무효가 아닌 것은?

① 강행법규 위반행위
② 반사회질서행위
③ 의사무능력자의 행위
④ 통정한 허위표시

> ADVICE » ④ 상대적 무효에 속한다.

4 다음 중 허위표시의 무효로 대항할 수 없는 제3자는?

① 대리인이 상대방과 허위표시를 한 경우의 본인
② 가장매매에 기한 손해배상청구권의 양수인
③ 저당권을 가장포기한 경우의 후순위 저당권자
④ 제한물권설정의 가장을 믿고 그 제한물권을 양수한 자

> ADVICE » 일반적으로 제3자라 하면 당사자와 그의 포괄승계인 이외의 자를 포함한다. 그러나 제108조 제2항에서 의미하는 제3자는 허위표시행위를 기초로 하여 새로운 이해관계를 맺는 자만을 가리킨다.
> ① 대리인이나 대표기관이 상대방과 허위표시를 한 경우의 본인이나 법인은 제3자가 아니다.
> ③ 후순위 저당권자는 허위표시행위를 기초로 하여 새로운 이해관계를 맺는 자가 아니므로 제3자에 포함되지 않는다.

5 다음 중 무효원인이 아닌 것은?

① 반사회질서행위
② 불공정한 법률행위
③ 술에 만취된 자의 행위
④ 피성년후견인의 행위

> ADVICE » ③ 유아, 술에 만취한 자 등은 의사무능력자로서 이들의 법률행위는 무효이다.
> ④ 피성년후견인의 법률행위는 취소할 수 있다〈제10조〉.
> ※ 의사표시 또는 법률행위가 완전한 효과를 발생하지 못하는 경우로는 무효와 취소가 있다. 무효로 할 수 있는 것은 의사무능력자의 법률행위, 불능한 법률행위, 강행법규에 위반하는 법률행위, 사회질서에 반하는 법률행위, 불공정한 법률행위, 진의 아닌 의사표시의 예외적인 경우, 허위표시 등이 있다.

6 특정인에게 무효의 효력을 주장할 수 없는 것은?

① 허위표시
② 탈법행위
③ 불공정행위
④ 의사무능력자의 행위

> ADVICE » 특정인에 대하여 주장할 수 없는 무효를 상대적 무효라 하는데, 상대적 무효에는 비진의 표시가 무효인 경우, 허위표시 등이 있다.

Answer 1.④ 2.③ 3.④ 4.④ 5.④ 6.①

7 다음 내용 중에서 무효가 아닌 것은?

① 불능을 목적으로 한 법률행위
② 의사능력이 없음이 입증되는 미성년자의 법률행위
③ 표의자의 진의가 아님을 상대방이 안 경우에 있어서의 진의 아닌 의사표시
④ 항거불능상태에서 한 의사표시

> ADVICE » ④ 사기나 강박에 의한 의사표시는 취소할 수 있다〈제110조 제1항〉.

8 다음 내용 중 무효행위의 추인이 가능한 것은?

① 가장매매
② 불공정한 법률행위
③ 원시불능인 법률행위
④ 강행법규에 반하는 법률행위

> ADVICE » 새로운 행위로서의 요건을 갖추더라도 그 행위가 유효할 수 없는 것은 추인을 하더라도 유효하지 못하다.

9 다음 중 재판상으로만 주장할 수 있는 무효는?

① 사회질서에 반하는 행위
② 의사무능력자의 행위
③ 회사합병의 무효
④ 심리유보

> ADVICE » 재판상 무효 … 무효의 결과가 일반 제3자에게 중대한 영향을 미칠 염려가 있기 때문에 재판에 의한 무효선고를 기다려서 비로소 효력이 없게 되는 것으로 회사설립의 무효 · 회사합병의 무효 등은 재판상 무효에 속한다.

10 가장매매의 법률효과에 관하여 옳은 것은?

① 제3자가 당사자에 대하여 무효를 주장하는 것은 무방하다.
② 당사자 사이에서는 물론 제3자에 대하여도 항상 무효이다.
③ 당사자 사이에서는 무효이나 제3자에 대하여는 유효이다.
④ 제3자에 대하여는 선의 · 악의를 불문하고 허위표시의 무효를 가지고 대항할 수 없다.

> ADVICE » 가장매매는 허위표시를 요소로 하는 매매이다. 가장매매도 당사자 사이에서는 무효이나, 제3자에 대한 관계에 있어서는 가장매매의 무효로 선의의 제3자에게 대항하지 못한다.

11 법률행위의 일부가 무효인 때 다음 중 옳은 것은?

① 항상 전부 무효이다.
② 나머지 부분은 항상 유효하다.
③ 당사자의 의사에 따라 마음대로 할 수 있다.
④ 원칙적으로 전부무효이나 그 무효부분이 없더라도 법률행위를 하였으리라고 인정될 때에는 나머지 부분은 유효하다.

    ADVICE » 법률행위의 일부분이 무효인 때에는 그 전부를 무효로 한다. 그러나 그 무효부분이 없더라도 법률행위를 하였을 것이라고 인정될 때에는 나머지 부분은 무효가 되지 아니한다〈제137조〉.

12 사회질서에 위배하여 무효가 되는 경우에 해당하지 않는 것은?

① 도박채무를 담보하기 위하여 가등기를 설정하는 행위
② 첩관계를 단절하기 위하여 매월 일정한 금액의 지급을 약속하는 행위
③ 혼인하여 임신하면 당연히 퇴사하는 것을 조건으로 하는 여비서채용계약
④ 매도인의 배임행위에 적극 가담하여 이미 매도된 부동산을 이중으로 양수하는 행위

    ADVICE » 모자부동거계약, 첩계약, 현재의 처와 이혼하고 혼인하겠다는 계약 등 인륜에 반하는 행위는 무효이나, 불륜관계의 단절을 목적으로 하는 금전급부계약은 유효하다.

13 다음 무효행위 중 추인에 의하여 유효하게 될 수 없는 것은?

① 단독허위표시로 자기 물건을 매도한 무효행위
② 도박을 목적으로 대여한 무효행위
③ 타인의 물건을 타인명의로 매도한 무효행위
④ 타인의 물건을 자기명의로 매도한 무효행위

    ADVICE » ② 사회질서에 반하는 행위이므로 추인을 하더라도 유효한 것으로 되지 못한다.

Answer   7.④ 8.① 9.③ 10.① 11.④ 12.② 13.②

14 법률행위의 무효에 관한 내용이다. 틀린 것은?

① 법률행위의 무효는 법률행위의 불성립과는 구별된다.
② 법률행위의 일부분이 무효인 경우에는 그 법률행위의 전부를 무효로 하는 것이 원칙이다.
③ 당사자가 무효라는 것을 알고 추인한 경우에는 새로운 법률행위로 본다.
④ 취소할 수 있는 법률행위를 취소하면 그 효력이 무효인 법률행위와 그 효과에 있어서 완전히 같다.

> ADVICE » ① 법률행위의 불성립은 법률행위로서의 외형도 갖추지 못한 경우이고, 무효는 외형을 갖춘 법률행위가 법률요건으로서의 실질을 갖추지 못한 경우이다.
> ② 법률행위의 일부분이 무효인 때에는 그 전부를 무효로 한다. 그러나 그 무효부분이 없더라도 법률행위를 하였을 것이라고 인정될 때에는 나머지 부분은 무효가 되지 않는다.
> ③ 무효인 법률행위는 추인하여도 그 효력이 생기지 아니한다. 그러나 당사자가 그 무효임을 알고 추인한 때에는 새로운 법률행위로 본다.
> ④ 취소의 효과는 거래안전의 보호를 위하여 선의의 제3자에 대항할 수 없는 것이 원칙이지만, 무효의 효과는 원칙적으로 거래의 안전을 고려하지 않는다.

15 법률행위의 무효에 관한 내용이다. 틀린 것은?

① 요식 자체를 절대적인 유효조건으로 하는 법률행위에로의 전환은 일반적으로 인정되지 아니한다.
② 그 무효부분이 없더라도 법률행위를 하였을 것이라고 인정되는 경우에도 전부무효가 된다.
③ 무효인 행위의 추인은 그 행위 자체를 유효하게 하는 것은 아니다.
④ 무효인 법률행위가 불요식행위로 전환하는 데 있어서는 그 무효인 행위가 불요식행위이거나 요식행위이거나 무방하다.

> ADVICE » ①④ 무효행위의 전환으로서 타당하다.
> ② 일부무효는 원칙적으로 전부무효이지만, 일부무효가 없었더라도 법률행위를 했을 것으로 인정되는 경우에는 잔여부분에 대하여 유효가 인정된다.
> ③ 무효행위에 대한 추인은 새로운 법률행위로 간주한다.

16 법률행위의 무효에 관한 설명 중 옳지 않은 것은?

① 취소된 법률행위는 처음부터 무효인 것을 본다.
② 무효의 효과는 선의의 제3자에게 대항할 수 없는 경우도 있다.
③ 법률행위의 일부의 무효는 그 전부를 무효로 하는 것이 원칙이다.
④ 무효행위에는 추인이라는 제도는 없다.

> **ADVICE** » ④ 무효인 법률행위는 추인하여도 그 효력이 생기지 아니한다. 그러나 당사자가 그 무효임을 알고 추인한 때에는 새로운 법률행위로 본다〈제139조〉.

17 무효에 관하여 틀린 것은?

① 무효인 법률행위는 추인해도 원칙상 유효로는 안 된다.
② 무권대리인의 행위를 추인하면 소급하여 유효하게 된다.
③ 반사회질서의 법률행위는 추인하면 유효로 된다.
④ 무효인 법률행위는 일정한 요건을 갖추면 다른 법률행위로 유효하다.

> **ADVICE** » ③ 반사회질서의 법률행위는 어떠한 경우에도 유효가 될 수 없다.

18 무효에 관한 설명으로 옳지 않은 것은?

① 당사자가 법률행위의 무효를 알고 추인한 때에는 새로운 법률행위로 본다.
② 반사회질서 행위는 상대적 무효이다.
③ 무효는 확정적 무효와 유동적 무효로 나누어진다.
④ 법률행위의 일부분이 무효인 때에는 그 전부를 무효로 한다.

> **ADVICE** » ② 반사회질서 행위는 절대적 무효이다.

Answer 14.④ 15.② 16.④ 17.③ 18.②

19 다음 내용 중 옳은 것은?

① 무효의 법률행위는 추인하면 그 효력이 행위한 때에 소급하여 발생한다.
② 법률행위의 일부분이 무효인 때에는 언제나 그 전부를 무효로 한다.
③ 원칙적으로 일정한 기간이 경과되면 취소권은 소멸하고 취소하면 취소한 때부터 효력이 없는 것으로 본다.
④ 추인은 취소의 원인이 소멸된 후에 해야 효력이 발생하는 것이 원칙이다.

> ADVICE » ① 무효인 법률행위는 추인하여도 그 효력이 생기지 아니한다.
> ② 무효부분이 없더라도 법률행위를 하였으리라고 인정될 때에는 나머지 부분은 무효가 되지 아니한다.
> ③ 취소권은 추인할 수 있는 날로부터 3년 이내, 법률행위를 한 날로부터 10년 이내에 행사하여야 한다. 취소된 법률행위는 처음부터 무효인 것으로 본다.

20 다음 중 무효인 법률행위로만 묶인 것은?

㉠ 사기에 의한 의사표시	㉡ 제한능력자의 법률행위
㉢ 착오에 의한 의사표시	㉣ 의사무능력자의 법률행위
㉤ 당사자간 통정허위표시	㉥ 강박에 의한 의사표시
㉦ 신의칙에 반하는 법률행위	㉧ 일부불능인 법률행위의 원칙적 효력

① ㉠㉡㉢㉣
② ㉡㉢㉣㉤
③ ㉡㉣㉥㉧
④ ㉣㉤㉦㉧

> ADVICE » ㉠㉡㉢㉥ 취소할 수 있는 법률행위이다.

21 무효행위의 추인과 관련한 다음 판례 중 옳지 않은 것은?

① 법률행위가 선량한 풍속 기타 사회질서에 반하여 무효로 된 경우에는 추인하여도 계속 무효이다.
② 협의이혼을 한 후 배우자 일방이 일방적으로 다시 혼인신고를 하였다면, 상대방이 그 사실을 알면서 혼인생활을 계속하였더라도 무효인 혼인을 추인하였다고 볼 수 없다.
③ 무효인 법률행위는 당사자가 무효임을 알고 추인할 경우 새로운 법률행위를 한 것으로 간주할 뿐이고 소급효가 없는 것이므로, 무효인 가등기를 유효한 등기로 전용키로 한 약정은 그때부터 유효하고 이로써 위 가등기가 소급하여 유효한 등기로 전환될 수는 없다.
④ 하나의 법률행위의 일부분에만 취소사유가 있는 경우에 그 법률행위가 가분적이거나 그 목적물의 일부가 특정될 수 있다면, 그 나머지 부분이라도 이를 유지하려는 당사자의 가정적 의사가 인정되는 경우 그 일부만의 취소도 가능하다.

ADVICE 》 ① 대판 1994.6.24, 94다10900
② 협의이혼한 후 배우자 일방이 일방적으로 혼인신고를 하였더라도 그 사실을 알고 혼인생활을 계속한 경우, 상대방에게 혼인할 의사가 있었거나 무효인 혼인을 추인하였다고 인정한 사례(대판 1995.11.21. 95므731).
③ 대판 1992.5.12, 91다26546
④ 대판 1998.2.10, 97다44737

Answer 19.④ 20.④ 21.②

Chapter 02 취소할 수 있는 법률행위

1 다음 중 취소할 수 있는 법률행위의 추인에 관한 내용으로 옳은 것은?

① 추인권자가 언제나 무효를 제기할 수 있다.
② 취소의 원인이 소멸되기 전에도 추인할 수 있다.
③ 피한정후견인은 능력자가 되기 전이라도 단독으로 유효하게 추인할 수 있다.
④ 피성년후견인은 그가 피성년후견인 동안에는 법정대리인의 동의를 얻더라도 유효하게 추인을 할 수 없다.

> **ADVICE** ① 추인권자는 언제나 취소권을 갖는다.
> ② 추인은 취소의 원인이 소멸된 후에 하여야만 한다〈제144조 제1항〉.
> ③ 추인은 취소의 원인이 소멸된 후, 즉 제한능력자는 능력자가 된 뒤에 그리고 착오, 사기·강박으로 의사표시를 한 자는 그러한 상태를 벗어난 뒤에 하여야 한다. 그러나 제한능력자라도 미성년자와 피한정후견인은 능력자가 되기 전이라도 법정대리인의 동의를 얻어 유효하게 추인할 수 있다(통설).

2 다음 중 법률행위의 취소권자에 관한 설명으로 옳은 것은?

① 취소할 수 있는 행위에 의하여 취득한 권리의 특정승계인은 취소할 수 없다.
② 취소할 수 있는 법률행위의 상대방의 상속인에 대하여 취소권을 행사할 수 있다.
③ 취소권만의 승계도 가능하다.
④ 취소할 수 있는 법률행위를 한 임의대리인은 취소에 대한 수권 없이도 취소할 수 있다.

> **ADVICE** ① 특정승계인은 취소권만의 승계는 인정되지 않으며, 취소할 수 있는 행위에 의하여 취득한 권리의 승계가 있는 경우에만 취소권자가 된다.
> ③ 취소권만의 승계는 인정되지 않는다.
> ④ 임의대리에 있어서 대리인이 행한 행위에 취소원인이 있으면 그 취소권은 직접 본인에게 귀속하므로, 임의대리인이 취소를 하려면 본인으로부터 그에 관한 수권이 있어야 한다.

3 다음 중 실종선고의 취소에 관한 설명으로 틀린 것은?

① 실종선고를 받은 자가 생존하여 나타나면 실종선고는 당연히 취소된다.
② 실종선고가 취소되면 실종선고로 생긴 법률관계는 소급적으로 무효가 된다.
③ 실종선고가 취소되어도 취득시효에 의한 재산취득을 방해하지 못한다.
④ 실종기간이 만료한 때와 다른 시기에 사망한 사실도 실종선고의 취소사유가 된다.

> **ADVICE** » ① 실종선고를 받은 자가 생존하여 나타났다고 하여 실종선고가 당연히 취소되는 것은 아니며, 실종선고취소의 심판절차에 의하여 법원의 판결로 한다(공법상 취소).

4 취소권의 법적 성질은?

① 청구권 ② 형성권
③ 채권   ④ 지배권

> **ADVICE** » 취소권은 권리자의 일방적인 의사표시에 의하여 효과가 발생하므로 형성권의 일종이다.

5 다음 중 취소할 수 있는 법률행위의 법정추인사유가 아닌 것은?

① 경개
② 강제집행
③ 이행의 청구
④ 취소함으로써 발생하게 될 장래채권의 전부나 일부의 양도

> **ADVICE** » 법정추인사유〈제145조〉… 경개, 강제집행, 이행의 청구, 전부나 일부의 이행, 담보의 제공, 취소할 수 있는 행위로 취득한 권리의 전부나 일부의 양도 등이다.

Answer 1.④ 2.② 3.① 4.② 5.④

6 법률행위에 대한 취소권은 일정한 기간 내에 행사하지 않으면 소멸하게 된다. 다음 중 민법이 규정하는 것은?

① 추인할 수 있는 때부터 1년 이내, 법률행위를 한 때부터 5년 이내에 행사해야 한다.
② 추인할 수 있는 때부터 2년 이내, 법률행위를 한 때부터 10년 이내에 행사해야 한다.
③ 추인할 수 있는 때부터 1년 이내, 법률행위를 한 때부터 10년 이내에 행사해야 한다.
④ 추인할 수 있는 때부터 3년 이내, 법률행위를 한 때부터 10년 이내에 행사해야 한다.

> **ADVICE** 》 취소권의 소멸〈제146조〉… 취소권은 추인할 수 있는 날(즉, 취소의 원인이 소멸된 날)로부터 3년 내에, 법률행위를 한 날로부터 10년 내에 행사하여야 한다.

7 취소권자가 추인을 할 수 있은 후에 일정한 사실이 있을 때에는 추인한 것으로 본다. 이에 해당하지 않는 것은?

① 상대방의 채무의 이행을 수령하였다.
② 상대방이 강제집행을 하여 왔으므로 변제하였다.
③ 상대방이 취소할 수 있는 행위로 취득한 권리를 제3자에게 양도하였다.
④ 시계를 인도하는 채무를 2만원의 채무로 경개하였다.

> **ADVICE** 》
> ① 법정추인사유〈제145조〉 가운데 '전부나 일부의 이행'은 취소권자가 상대방에게 이행한 경우와 상대방의 이행을 수령한 경우를 포함한다.
> ② 제145조 제5호 '강제집행'은 취소권자가 채권자로서 집행을 한 경우 외에 채무자로서 집행을 받은 경우도 포함된다.
> ④ 제145조 제3호(취소권자가 채권자인 경우와 채무자인 경우를 포함)
> ③ 취소할 수 있는 행위로 취득한 권리에 있어서 상대방이 양도하는 것은 법정추인사유로 되지 못한다.

8 취소에 관하여 민법 제140조 이하의 통칙이 당연히 적용되는 것은?

① 하자 있는 의사표시의 취소
② 법인설립허가의 취소
③ 사해행위의 취소
④ 무권대리행위의 취소

> **ADVICE** 》 민법의 취소에 관한 일반적인 규정은 법률행위의 취소권자〈제140조〉, 취소권의 소멸〈제146조〉에 포함되어 있다. 여기에는 능력 및 의사표시의 착오·하자에 의한 취소, 즉 이른바 일반적·원칙적 취소에 대하여만 적용되며, 그 이외의 취소에는 적용되지 않는다.

9 "취소권은 추인할 수 있는 날로부터 3년 내에, 법률행위를 한 날로부터 10년 내에 행사하여야 한다."는 규정에 대한 설명이다. 틀린 것은?

① 법률관계를 빨리 확정하고 상대방을 불안정한 지위에서 벗어날 수 있도록 하려는 취지의 것이다.
② 통설은 이 규정을 취소권의 행사로 인하여 발생하는 부당이득반환청구권의 행사기간도 아울러 규정한 것으로 본다.
③ 위의 기간은 제척기간이다.
④ 두 기간이 동시에 만료하지 않은 경우에는 모두 만료된 때에 취소권이 소멸한다.

> **ADVICE »** ④ 두 기간 중 어느 것이 먼저 만료하면 취소권은 그때 소멸한다.

10 취소권이 없는 자는?

① 미성년자
② 허위표시를 한 자
③ 취소권을 승계한 자
④ 사기·강박에 의하여 의사표시를 한 자

> **ADVICE »** 취소할 수 있는 법률행위는 제한능력자, 착오로 인하거나 사기·강박에 의하여 의사표시를 한 자, 그의 대리인 또는 승계인만이 취소할 수 있다〈제140조〉.

11 취소에 관한 설명 중 틀린 것은?

① 취소권자의 행사기간은 법률에 정해져 있다.
② 제한능력자는 취소권자가 될 수 없다.
③ 취소권의 행사는 재판상으로도 할 수 있다.
④ 취소의 효과는 처음부터 무효로 보는 것이 원칙이다.

> **ADVICE »** 취소할 수 있는 법률행위는 제한능력자, 착오로 인하거나 사기·강박에 의하여 의사표시를 한 자, 그의 대리인 또는 승계인만이 취소할 수 있다〈제140조〉.

Answer 6.④ 7.③ 8.① 9.④ 10.② 11.②

12 법률행위의 추인에 관한 설명 중 옳지 않은 것은?

① 취소권자의 범위와 추인권자의 범위 및 자격요건은 일치한다.
② 미성년자가 혼인한 후에는 자기 스스로 혼인 전에 법정대리인의 동의 없이 한 법률행위를 추인할 수 있다.
③ 피한정후견인이 후견인의 동의를 얻어 추인을 한 경우, 그 의사표시에 사기·강박을 받았거나 중대한 과실 없이 중요부분에 착오를 일으킨 경우 취소할 수 있다.
④ 추인의 의사표시는 그 행위가 추인할 수 있는 행위임을 알고 하여야 하는 점에서 이를 모르더라도 일정한 사실이 있으면 당연히 추인이 되는 법정추인과 다르다.

> ADVICE ① 추인은 취소의 원인이 소멸된 후에 하여야 하므로 제한능력상태, 착오 또는 사기·강박의 상태에 있는 자는 비록 취소는 할 수 있으나 추인은 할 수 없다.

13 취소에 관한 다음 설명 중 옳지 않은 것은?

① 취소할 수 있는 법률행위는 취소되면 처음부터 무효인 것으로 간주된다.
② 취소의 의사표시에 착오, 사기·강박, 제한능력 등 취소사유가 있으면 다시 취소할 수 있다.
③ 취소할 수 있는 행위에 의하여 취득한 권리를 특정승계한 경우는 취소권을 승계하나, 취소권만 특정승계하는 것은 허용되지 않는다.
④ 매매계약을 한 후 매도인이 소유권이전등기의 말소등기절차이행을 청구하거나 매수인이 대금반환을 청구하는 것은 그 전에 매매계약을 취소하는 의사표시가 포함된 것으로 해석할 수 있다.

> ADVICE ② 제한능력자는 단독으로 취소할 수 있고 그 취소의 효력은 확정적으로 발생하기 때문에 법정대리인의 동의 없음 등을 이유로 그 취소를 다시 취소할 수 없다.

14 다음 중 소급효가 없는 행위는?

① 제한능력자 법률행위의 취소
② 무권대리행위의 추인
③ 혼인의 취소
④ 이혼의 취소

> **ADVICE** » ③ 혼인취소의 효력은 기왕에 소급하지 아니한다〈제824조〉.

15 다음의 설명 중 옳지 않은 것은?

① 권리가 이전된 경우의 취소의 상대방은 전득자이다.
② 취소는 취소권자 단독의 의사표시이다.
③ 상대방이 확정되어 있는 경우에는 그 취소는 상대방에 대한 의사표시로 한다.
④ 취소는 명시적이든 묵시적이든 상관없다.

> **ADVICE** » ① 법률행위에 의하여 취득된 권리가 이전되어 있더라도 취소는 원래의 상대방에 대하여 하여야 한다. 상대방이 확정되어 있지 않은 경우에는 취소의 의사를 적당한 방법으로 외부에 객관화하면 된다.

16 해제권과 취소권과의 비교 설명 중 옳지 않은 것은?

① 해제권은 계약에 특유한 것이나, 취소는 모든 법률행위에 관하여 인정된다.
② 해제와 취소의 의사표시는 단독행위이다.
③ 취소권의 발생은 법정되어 있는 것임에 반하여, 해제권은 당사자의 계약으로 발생하는 경우도 있다.
④ 해제 또는 취소의 효과로 모두 부당이득반환의무가 생긴다는 공통점이 있다.

> **ADVICE** » 권리자의 일방적 의사표시에 의하여 법률행위의 효력을 소급적으로 소멸케 하는 점에서 해제와 취소는 같으며 양자 모두 형성권에 속한다. 그러나 해제는 계약에 특유한 제도이지만 취소는 계약에 한하지 않고 모든 법률행위에 관하여 인정된다. 또 그 발생원인에 있어서 취소권은 제한능력, 의사표시의 하자, 착오의 경우에 발생하나 해제권은 당사자의 계약과 채무불이행을 이유로 한 법률의 규정에 의해 발생한다. 그 효과를 보면 취소의 경우에는 부당이득반환의무가 생기나〈제741조〉, 해제의 경우에는 원상회복의무〈제548조〉와 손해배상의무〈제551조〉가 생긴다.

Answer 12.① 13.② 14.③ 15.① 16.④

17 법률행위의 무효와 취소를 비교한 설명 중 옳지 않은 것은?

① 법률행위나 의사표시에 관하여 그 효과의 발생이 불완전해짐은 양자가 같다.
② 무효와 취소 모두 특정인의 주장을 필요로 한다.
③ 무효는 처음부터 효력이 없는 것으로 다루게 되나, 취소는 취소하기 전에는 일응 효력이 있는 것으로 다루어진다.
④ 무효인 행위는 시간이 경과하여도 효력에 변동이 없으나, 취소할 수 있는 행위는 일정 시일의 경과로 취소권이 소멸된다.

ADVICE » ② 무효는 누구의 주장을 기다릴 것도 없이 당연히 효력이 발생하지 않으나, 취소는 일정한 취소권자의 주장이 있어야만 효력이 없는 것으로 할 수 있다.

18 다음 설명 중 옳지 않은 것은?

┌───┐
│ ㉠ 제한능력자의 법률행위는 취소할 수 있는 법률행위이다.
│ ㉡ 강행법규에 위반한 법률행위는 상대적 무효이다.
│ ㉢ 법률행위의 일부분이 무효인 때에는 그 전부가 무효로 되는 것이 원칙이다.
│ ㉣ 취소는 누구라도 취소할 수 있다.
│ ㉤ 취소가 있으면 그 법률행위는 처음부터 무효로 추정된다.
│ ㉥ 취소할 수 있는 행위의 추인은 새로운 법률행위로 본다.
│ ㉦ 법정추인사유 중 이행의 청구는 이행청구를 받은 경우도 포함한다.
└───┘

① ㉠㉡
② ㉡㉤㉥
③ ㉡㉥㉦
④ ㉡㉣㉤㉥㉦

ADVICE » ㉡ 절대적 무효이다.
㉣ 일정한 취소권자만이 취소할 수 있다.
㉤ 무효로 본다.
㉥ 그 법률행위는 확정적으로 유효하게 된다.
㉦ 취소권자가 청구하는 경우에 한한다.

19 다음 취소 중 소급효가 인정되는 것은?

① 강박에 의한 의사표시의 취소
② 입양의 취소
③ 법인설립허가의 취소
④ 금치산선고의 취소

> **ADVICE** » 소급효가 있는 경우와 없는 경우

소급효가 있는 경우	소급효가 없는 경우
• 제한능력자의 법률행위 취소	• 미성년자에 대한 영업허락의 취소
• 실종선고 및 실종선고의 취소	• 부재자 재산관리명령의 취소
• 착오에 의한 의사표시의 취소	• 법인설립허가의 취소
• 사기·강박에 의한 의사표시의 취소	• 무효행위의 추인
• 이혼의 취소	• 조건의 성취 효과
• 인지의 취소	• 기한의 도래 효과
• 협의상 파양취소	• 계약의 해지
• 무권대리행위의 추인	• 친생자 승인의 취소
• 소멸시효 완성	• 입양의 취소
• 계약의 해제	• 부양관계의 취소
• 상계	• 혼인의 취소
• 선택채권에 있어서의 선택	• 공유물 분할
• 상속의 포기	
• 상속재산의 분할	

Answer 17.② 18.④ 19.①

PART

법률행위의 부관

-----

01. 조건부 법률행위
02. 기한부 법률행위

조건부 법률행위

Chapter 01

1 조건에 관한 내용으로 틀린 것은?

① 상대방에 이익을 주는 단독행위에 조건을 붙이는 것이 가능하다.
② 정지조건부 법률행위는 그 조건이 의무자의 의사에 의하여 좌우되는 것은 무효이다.
③ 조건의 성취가 미정인 권리도 담보로 할 수 있다.
④ 정지조건이 있는 법률행위는 조건이 성취되면 법률행위의 성립시에 소급하여 그 효력이 발생한다.

> **ADVICE** 》 ① 단독행위는 조건을 붙이지 못하는 것이 원칙이지만, 예외적으로 채무면제나 유증 등과 같이 상대방에게 이익만 주는 경우는 조건을 붙일 수 있다.
> ② 순수수의조건으로 무효이다.
> ④ 정지조건 있는 법률행위는 조건이 성취한 때로부터 그 효력이 생긴다〈제147조 제1항〉.

2 조건과 친하지 않는 행위를 열거한 것으로 틀린 것은?

① 증여
② 취소
③ 입양
④ 혼인

> **ADVICE** 》 조건에 친하지 않는 행위에는 효과가 확정적으로 발생할 것을 요구하는 것(어음 · 수표행위, 신분행위 등)과 단독행위가 있다.
> ② 단독행위
> ③④ 신분행위

3 "비가 내리면 우산을 주겠다."라고 하는 경우에는 어떠한 조건에 해당하는가?

① 해제조건 · 적극조건
② 정지조건 · 혼합조건
③ 해제조건 · 비수의조건
④ 정지조건 · 적극조건

ADVICE » 조건의 종류
　㉠ 정지조건: 성취에 의하여 법률행위의 법률효과를 발생하게 하는 조건이다.
　㉡ 해제조건: 성취에 의하여 이미 발생한 법률효과를 소멸하게 하는 조건이다.
　㉢ 적극조건: 조건이 되는 사실이 현상의 변경에 있는 경우(내가 취직한다면, 내일 눈이 온다면 등)이다.
　㉣ 비수의조건: 조건의 성부가 당사자의 일방적 의사에만 의존하지 않는 조건으로, 이에는 우성조건과 혼성조건이 있다.
　　• 우성조건: 조건의 성부가 당사자의 의사와는 관계가 없는 경우, 즉 자연의 사실, 제3자의 의사나 행위에 의하여 그 성부가 결정되는 조건이다(내일 비가 온다면 등).
　　• 혼성조건: 조건의 성부가 당사자의 일방의 의사뿐만 아니라 제3자의 의사에 의하여도 결정되는 경우이다(네가 甲녀와 결혼한다면 등).

4 조건에 관한 설명으로 틀린 것은?

① "네가 甲남과 결혼하면 이 카메라를 주겠다."고 하는 경우는 혼성조건이다.
② 법정조건은 가장조건이다.
③ 우성조건은 비수의조건이다.
④ 불능조건이 해제조건으로 되어 있는 법률행위는 무효이다.

　ADVICE » ④ 불능조건이 해제조건으로 되어 있는 법률행위는 조건 없는 단순한 법률행위이다.

5 다음 내용 중 옳은 것은?

① 민법상 상계는 단독행위이기 때문에 어떠한 경우에도 조건을 붙일 수 없다.
② 취소는 상대방의 동의가 있는 경우에는 조건을 붙여도 무방하다.
③ 상속포기에 조건을 붙이는 것도 타 상속인의 동의가 있는 경우에는 이익을 해하지 않으므로 인정된다.
④ "배우자가 사망하면 혼인하자."는 조건의 약혼도 상대방의 동의가 있으면 허용된다.

　ADVICE » 단독행위에는 사익상의 이유로 조건을 붙일 수 없는 것이 원칙이나, 상대방의 동의가 있다든지 또는 상대방에게 특별히 불이익을 주지 않는 경우에는 조건을 붙일 수 있다. 하지만 ③④의 경우처럼 공익상의 이유로 금지하는 것은 상대방의 동의가 있어도 조건을 붙일 수 없다.

Answer　1.④ 2.① 3.④ 4.④ 5.②

6 다음 내용 중 조건이 아닌 것은?

① 내일 비가 오면 이 우산을 너에게 주겠다.
② 내가 성공하면 너에게 생활비를 급여하겠다.
③ 내가 행정고시에 합격하면 이 책을 모두 너에게 주겠다.
④ 너에게 이 시계를 주되 내가 죽게 되면 그때 주겠다.

> **ADVICE** 》 ④ '내가 죽게 되면'은 장래의 사실이기는 하나 발생할 것이 확실하므로 조건사실이 아니다.

7 다음 설명 중 옳지 않은 것은?

① 조건은 법률행위의 효력의 발생 또는 소멸에 관한 것이며, 법률행위의 성립에 관한 것은 아니다.
② 조건이 되는 사실은 장래의 불확실한 사실이어야 한다.
③ 사회질서에 반하는 조건을 붙인 법률행위는 그 조건만이 무효이다.
④ 조건은 당사자가 임의로 부가한 것이어야 한다.

> **ADVICE** 》 조건 … 법률행위의 효력의 발생 또는 소멸을 불확실한 사실의 성부에 의존케 하는 부관이다. 조건이 되는 사실은 장래의 불확실한 사실, 즉 객관적으로 성부가 불명한 것이어야 하는데 이 점에서 장래 도래할 것이 확실한 기간과 다르다. 조건은 법률행위의 내용이므로 당사자가 임의로 정한 것이어야 한다. 따라서 법정조건은 여기서 말하는 조건이 아니다.
> ③ 그 조건만을 분리하여 무효로 할 수는 없고 그 법률행위 전부가 무효로 된다.

8 조건에 대한 설명으로 틀린 것은?

① 불능조건이 붙은 법률행위는 모두 무효이다.
② 기성조건이 정지조건이면 조건 없는 법률행위가 된다.
③ 법정조건은 조건으로서는 법률상 아무런 의의도 없다.
④ 혼성조건은 비수의 조건이다.

> **ADVICE** 》 ① 불능조건이 정지조건으로 되어 있는 법률행위는 무효이나, 해제조건인 경우에는 조건 없는 법률행위가 된다〈제151조 제3항〉.

9 다음 중 조건부 법률행위로 인정되는 것은?

① 환매약관　　　　　　　　② 부담
③ 이자약관　　　　　　　　④ 매매효력약관

> **ADVICE** 》 조건은 법률행위의 효력의 발생 또는 소멸을 장래의 불확실한 사실의 성부에 의존케 하는 법률행위의 부관이다. 따라서 조건부 법률행위의 효력에 관한 약관이 있어야 한다.
> ①③ 면책약관 등과 더불어 넓은 의미의 법률행위의 부관에 속하나 조건과는 별개이다.

10 조건부 법률행위에 관한 판례 중 옳지 않은 것은?

① 농지매매에 있어서의 소재지관서증명은 당사자가 임의로 정하는 법률행위의 부관이 아니므로 민법이 정한 바 조건에 해당한다고는 할 수 없으나 민법의 규정이 유추적용되어야 할 법정조건이라고 해석된다.
② 어떠한 법률행위가 조건의 성취시 법률행위의 효력이 발생하는 소위 정지조건부 법률행위에 해당한다는 사실은 그 법률행위로 인한 법률효과의 발생을 저지하는 사유로서 그 법률효과의 발생을 다투려는 자에게 주장입증책임이 있다.
③ 조건의 성취로 인하여 불이익을 받을 당사자가 신의성실에 반하여 조건의 성취를 방해한 경우, 조건이 성취된 것으로 의제되는 시점은 방해를 시작한 시점이다.
④ 농지 매수인이 소재지관서의 증명이 앞으로 있을 수 없음을 전제로 손해배상청구 또는 계약금과 중도금의 반환을 청구하고 매도인은 계약해제를 주장하는 경우 소재지관서의 증명이라는 법정조건은 발생하지 아니하기로 확정되어 조건불성취의 경우와 마찬가지로 보아 농지매매는 효력을 발생할 수 없는 것으로 확정되었다고 볼 수 있다.

> **ADVICE** 》 ③ 조건의 성취로 인하여 불이익을 받을 당사자가 신의성실에 반하여 조건의 성취를 방해한 경우, 조건이 성취된 것으로 의제되는 시점은 이러한 신의성실에 반하는 행위가 없었더라면 조건이 성취되었으리라고 추산되는 시점이다(대판 1998.12.22. 98다42356).

Answer 6.④ 7.③ 8.① 9.④ 10.③

11 민법상 일반의 조건으로 인정받을 수 없는 것은?

① 순수수의조건　　　② 법정조건
③ 우성조건　　　　　④ 소극조건

> **ADVICE »** 법정조건 … 법률행위의 효력의 발생을 위하여 법률이 요구하는 조건 또는 사실을 말하며, 이를 법률행위에 붙이더라도 그것은 당연한 것이므로 조건으로서는 아무런 의미가 없다.

12 다음 중 조건을 붙일 수 있는 법률행위는?

① 채무면제　　　　　② 상계
③ 혼인　　　　　　　④ 상속의 승인

> **ADVICE »** ① 상대방의 동의가 있거나 상대방을 특별히 불리하게 하지 않는 경우에는 조건을 붙이는 것이 허용된다.
> ② 상계의 의사표시에는 조건 또는 기한을 붙이지 못한다〈제493조 제1항〉.
> ③④ 혼인·입양·상속의 승인 등과 같은 신분행위에는 조건을 붙일 수 없다.

13 다음 중 조건에 관한 설명으로 옳은 것은?

> ㉠ 불법조건은 민법상 조건으로 보기 힘들다.
> ㉡ 채권자가 채무자의 사업성공을 조건으로 채무를 면제해 주는 것은 가능하다.
> ㉢ "서울에 가면 꽃신을 사다 주겠다."는 법률행위는 유효하다.
> ㉣ 조건부 법률행위로 발생한 권리의무는 조건성취 전에는 처분할 수 없다.
> ㉤ 조건부 법률행위에 있어서 조건이 반사회질서에 해당할 경우 그 법률행위 자체가 무효이다.
> ㉥ 순수수의조건이 무효인가에 대하여 학설은 대립한다.

① ㉠㉡㉢㉣　　　　② ㉠㉡㉢㉤
③ ㉡㉢㉣㉤　　　　④ ㉢㉣㉤㉥

> **ADVICE »** ㉣ 조건부 권리는 기대권으로서의 권리이며, 조건성취 전이라도 처분 등을 할 수 있다.
> ㉥ 순수수의조건이 무효라는 데 학설은 일치한다.

Chapter 02 기한부 법률행위

1 다음 중 기한부 법률행위가 아닌 것은?

① 내일 비가 오면 우산을 주겠다.
② 연말에 봉급의 배액의 상여금을 주겠다.
③ 甲이 죽을 때 이 집을 주겠다.
④ 남산에 첫눈이 오면 외투를 사주겠다.

> **ADVICE** » ① 내일 비가 올 것인가는 장래 발생할 것이 불확실하므로 조건부 법률행위이다.

2 기한의 도래에 대한 설명으로 틀린 것은?

① 기한의 이익은 기한이 도래하기 전에 포기할 수 있으며, 일정한 경우에는 상실하게 된다.
② 기한이 도래하기 전에 기한의 도래로 인하여 생길 상대방의 이익을 해할 수 있다.
③ 일정한 사실의 발생을 기한으로 한 경우에는 그 사실이 발생한 때에 기한이 도래한다.
④ 기한이 기간에 의하여 정하여져 있는 경우에는 그 기간의 경과로 기한은 도래한다.

> **ADVICE** » ② 기한이 도래하기 전에 기한의 도래로 인하여 생길 상대방의 이익을 해할 수 없다.

Answer 11.② 12.① 13.② / 1.① 2.②

3 기한에 관한 설명으로 틀린 것은?

① 기한은 당사자의 특약이 있는 때에는 소급효가 인정된다.
② 기한은 채무자의 이익을 위한 것으로 추정함이 원칙이다.
③ 혼인에는 시기를 붙이지 못한다.
④ 기한부 이익은 기한도래 전에도 처분할 수 있다.

> ADVICE » 기한…법률행위의 당사자가 그 효력의 발생·소멸 또는 채무의 이행을 장래에 발생하는 것이 확실한 사실에 의존케 하는 부관이다.
> ① 시기 있는 법률행위는 기한이 도래한 때로부터 그 효력을 잃는다〈제152조〉. 당사자의 특약이 있는 때에도 소급효를 인정할 수 없다.

4 기한이익의 포기에 관한 설명으로 틀린 것은?

① 기한의 이익을 가지는 자는 그 이익을 포기할 수 있다.
② 기한이익의 포기는 상대방 없는 단독행위이다.
③ 기한이익의 포기는 상대방의 이익을 해하지 못한다.
④ 기한의 이익이 상대방을 위해서 존재하는 경우에도 상대방의 손해를 배상하면 포기할 수 있다.

> ADVICE » ② 기한이익의 포기는 상대방 있는 단독행위이다.

5 다음 중 기한이 아닌 것은?

① 가을이 찾아올 때부터이다.
② 순돌이가 죽을 때이다.
③ 다음해 8월 15일부터이다.
④ 순돌이가 결혼할 때이다.

> ADVICE » 장래 발생할 것이 확실하지 않으면 기한이 될 수 없다.

6 기한의 이익에 관한 다음 설명 중 틀린 것은?

① 기한의 이익이란 기한이 존재하는 것에 의하여 당사자가 갖는 이익을 말한다.
② 기한의 이익은 채권자만이 갖는 경우가 있다.
③ 기한의 이익은 채무자만이 갖는 경우가 가장 많다.
④ 기한의 이익은 이를 포기할 수 없다.

> **ADVICE》** 기한의 이익 … 기한이 존재하는 것, 즉 기한이 도래하지 않음으로써 당사자가 받는 이익을 말한다.
> ④ 기한의 이익은 포기할 수 있다. 그러나 상대방의 이익을 해하지 못한다〈제153조 제2항〉.

7 기한이익의 포기에 대한 설명이다. 옳지 않은 것은?

① 이자부소비대차에 있어서 채무자는 이행기까지의 이자를 지급하여 기한 전에 변제할 수 있다.
② 기한의 이익이 상대방을 위해 존재하는 경우에는 기한의 이익을 포기할 수 없다.
③ 이자부소비대차에 있어서 기한이 채무자만의 이익을 위한 것이면, 변제시까지의 이자만을 붙여서 반환하면 된다.
④ 무상임치에 있어서의 임치인은 언제든지 반환을 청구할 수 있다.

> **ADVICE》** ② 기한의 이익이 상대방을 위해 존재하는 경우 상대방의 손해를 배상하고 기한의 이익을 포기할 수 있다.

Answer 3.① 4.② 5.④ 6.④ 7.②

8 조건과 기한에 관한 설명 중 타당한 것은?

① 조건은 법률행위의 성립 또는 소멸을 장래 불확실한 사실의 성부에 의존케 하는 부관이다.
② 법률이 그 내용을 정하고 있거나 효력발생시기를 정하고 있는 것도 조건이나 기한으로 볼 수 있다.
③ 합격자 발표가 2006년 4월 31일이라는 장래의 날짜로 되어 있는 경우, 합격하면 자동차를 사준다고 하거나, 불합격하면 차를 사준다는 것은 모두 정지조건이다.
④ 기한도래의 효력은 소급하지 않으나 당사자에게만 효력이 있는 소급효를 약정할 수 있다.

> **ADVICE** ① 조건은 법률행위의 효과발생이나 소멸을 장래의 성취 여부가 불확실한 사실에 의존케 하는 부관이다.
> ② 조건은 법률행위의 일부로서 당사자의 임의적 의사표시로 부가한 것이기 때문에 법률규정에 의하여 부가된 법정조건은 조건이 아니다.
> ④ 기한부 법률행위에 있어서 기한도래 후에는 그때부터 불소급으로 법률행위의 효력이 발생 또는 소멸되며, 이는 당사자 특약으로도 소급할 수 없다.

9 다음 중 기한의 이익을 갖지 않는 자는?

① 무상임치의 수치인
② 무상임치의 임치인
③ 이자 있는 정기예금의 채권자
④ 이자 있는 정기예금의 채무자

> **ADVICE** » 기한의 이익 … 기한이 도래하지 않음으로써 그동안 당사자가 받은 이익을 의미한다. 누구에게 기한의 이익이 있느냐는 각 경우에 따라 다르다.
> ㉠ 채권자만이 가지는 경우(무상임치)
> ㉡ 채무자만이 가지는 경우(무이자소비대차)
> ㉢ 채권자·채무자 쌍방이 가지는 경우(이자 있는 정기예금)
> ㉣ 민법상 기한의 이익은 채무자를 위한 것으로 추정

Answer 8.③ 9.①

기간과 소멸시효

01. 기간
02. 소멸시효

Chapter 01 기간

1 기간에 관한 설명 중 틀린 것은?

① 기간의 말일이 공휴일인 때에는 기간은 그 익일로 만료한다.
② 기간은 법률행위의 부관이 아니다.
③ 민법상의 기간에 관한 규정은 사법관계에는 적용되지 아니한다.
④ 기간은 어떤 시점에서 어떤 시점까지 계속된 시간이다.

> ADVICE 》 ③ 민법상의 기간에 관한 규정은 공법관계뿐만 아니라 사법관계에도 적용된다.

2 2006년 3월 30일 오후 2시에 지금부터 3개월이라고 하면 기한 만료시는 언제인가?

① 2006년 6월 30일 오전 12시
② 2006년 6월 30일 오후 12시
③ 2006년 6월 30일 오후 2시
④ 2006년 7월 1일 오후 2시

> ADVICE 》 2006년 3월 30일 오후 2시부터 3개월이라 하면, 기산점은 2006년 3월 31일 오전 0시이고 그 만료점은 2006년 6월 30일 24 : 00이다.

3 국회 임시회를 5월 8일에 개회하려고 한다. 언제까지 공고하여야 하는가? (단, 임시회의 집회공고는 집회기일 3일 전에 하여야 함)

① 5월 4일 24 : 00
② 5월 5일 12 : 00
③ 5월 5일 24 : 00
④ 5월 6일 12 : 00

> ADVICE 》 국회법상의 기간계산에는 초일을 산입하므로 기산점은 5월 8일이며, 그 3일 전은 5월 5일 24시가 된다.

4 기간에 관한 설명으로 틀린 것은?

① 기간에 관한 민법규정은 사법관계뿐만 아니라 공법관계에도 적용된다.
② 기간에 관한 민법규정은 강행규정이다.
③ 법률사실로서의 기간은 사건에 속한다.
④ 기간은 계속의 관념이 없는 기일과는 구별된다.

> **ADVICE** 》 ② 기간에 관한 민법의 규정은 보충적인 규정으로서의 성격을 갖는다.

5 기간의 계산법에 관하여 옳지 않은 것은?

① 기간의 초일은 산입하지 않는다.
② 연령계산에 있어서는 출생일은 산입하지 않는다.
③ 기간을 주·월 또는 연으로 정한 때에는 역(曆)에 의하여 계산한다.
④ 기간이 오전 0시로부터 시작하는 때에는 초일을 산입한다.

> **ADVICE** 》 ② 연령계산에는 출생일을 산입한다〈제158조〉.

6 기간에 관한 설명 중 옳지 않은 것은?

① 기간은 법률행위의 부관이 아니다.
② 기간은 계속의 관념이 있다는 점에서 기일과 구별된다.
③ 기간만이 법률요건으로 되는 경우는 희귀하다.
④ 기간에 관한 민법의 규정은 보충적인 것이다.

> **ADVICE** 》 ③ 기간이 법률요건이 되는 경우는 없다. 다만 그것은 하나의 법률사실로서 다른 법률사실과 결합해서 법률요건을 이룰 뿐이다.

Answer 1.③ 2.② 3.③ 4.② 5.② 6.③

7 2006년 4월 10일 오전 10시에 열리는 사단법인의 사원총회의 소집통지는 언제까지 하여야 하는가?

① 4월 3일 오전 12시까지 발송하여야 한다.
② 4월 2일 오후 12시까지 발송하여야 한다.
③ 4월 3일 오후 12시까지 발송하여야 한다.
④ 4월 4일 오전 12시까지 통지가 도착하면 된다.

> **ADVICE 》** 사단법인의 사원총회의 소집은 1주일 전에 통지를 발하여야 한다〈제71조〉. 초일은 산입하지 않으므로 기산일은 4월 9일이 되고, 그로부터 7일을 소급한 4월 3일 오전 0시가 만료점이 되므로 늦어도 4월 2일 오후 12시까지는 회원에게 통지를 발송하여야 한다.

8 다음 중 기간에 관한 설명으로 옳지 않은 것은?

① 기간은 사건이다.
② 민법의 기간계산방법은 공법관계에서도 적용된다.
③ 기간이 일정한 간격인 데 대하여, 기일은 구체적인 어느 시점이다.
④ 기간의 초일을 산입하는 경우는 연령계산의 경우뿐이다.

> **ADVICE 》** ④ 기간계산에 있어서 초일을 산입하는 경우는 연령계산 이외에도 오전 0시부터 시작할 때, 또는 민법 이외의 경우로서 국회법 제168조에 의해 기간을 계산할 때 등이 있다.

Chapter 02 소멸시효

1 소멸시효의 존재이유를 설명한 것으로 틀린 것은?

① 사회질서의 유지
② 증거보전의 곤란의 구제
③ 사회관습을 중시
④ 영속된 점유상태의 보호

> **ADVICE** » 시효제도의 존재이유
> ㉠ 법률생활의 안정과 평화(사회질서의 안정)를 달성
> ㉡ 증거보존의 곤란을 구제
> ㉢ '권리 위에 잠자는 자는 보호할 가치가 없다'는 법언에 근거

2 다음 중 소멸시효에 걸리는 것은?

① 손해배상청구권
② 소유권
③ 취소권
④ 점유권

> **ADVICE** » ① 10년의 소멸시효에 걸린다.
> ② 소유권은 그 절대성과 항구성으로 인하여 소멸시효에 걸리지 않는다.
> ③ 형성권에 대하여 존속기간이 정해진 경우 그 기간은 항상 제척기간이지 소멸시효기간이 아니다.
> ④ 점유권은 그 성질상 소멸시효에 걸리지 않는다.

Answer 7.② 8.④ / 1.③ 2.①

02. 소멸시효 _ 183

3 시효의 성질에 관한 내용으로 틀린 것은?

① 시효에 관한 규정은 임의규정이다.
② 소멸시효가 완성하면 소급하여 소멸한다.
③ 시효는 재산권에 관한 규정이다.
④ 소멸시효 완성 후 소멸시효의 완성을 주장하지 않으면 그 완성을 이유로 재판할 수 없다.

> ADVICE 》 ① 시효는 사회적·공익적인 이유에서 인정되는 것이기 때문에 이에 관한 규정은 강행규정이다.

4 다음 중 민법이 인정하지 않는 제도는?

① 성년의제
② 심리유보의 무효
③ 폭리행위의 무효화
④ 소유권의 소멸시효

> ADVICE 》 ④ 소유권은 소멸시효가 인정되지 않는다.

5 제척기간에 대한 설명으로 틀린 것은?

① 제척기간이 만료하면 소급하여 권리가 소멸한다.
② 일정한 권리에 관하여 법률이 이미 정해 놓은 존속기간으로서 그동안에 권리가 행사되지 않으면 그 권리가 소멸하는 제도이다.
③ 제척기간은 만료 사실을 원고·피고가 주장하지 않아도 기간이 만료하면 그 만료를 전제로 재판해야 한다.
④ 제척기간은 중단제도가 없다.

> ADVICE 》 ① 소멸시효의 경우에는 권리가 소급적으로 소멸하지만 제척기간의 경우에는 기간이 만료한 때로부터 장래를 향하여 소멸한다.

6 취득시효에 있는 특이한 시효중단사유는?

① 파산절차 참가
② 시효이익을 받을 자의 승인
③ 지급명령
④ 점유 또는 준점유의 상실

> **ADVICE** 》 ①②③ 소멸시효와 취득시효의 공통된 중단사유이다.
> ④ 시효로 인한 소유권 취득에는 점유 또는 준점유가 요건이 되고 있는데, 점유 또는 준점유의 상실은 시효진행의 중단을 초래한다.

7 다음 중 소멸시효에 걸리는 것으로 옳은 것은?

① 채권적 청구권　　② 질권
③ 상린권　　　　　④ 인격권

> **ADVICE** 》 ① 채권이 시효에 걸리므로 당연히 시효에 걸린다.
> ② 담보물권에 해당한다.
> ③ 일정한 법률관계에 필연적으로 동반하여 존재하는 권리이다.
> ④ 비재산권으로 소멸시효에 걸리지 않는다.

8 시효의 원용권자를 설명한 것으로 옳지 않은 것은?

① 보증인
② 권리취득자
③ 시효로 인하여 소유권을 취득할 자를 상대로 지상권설정계약을 한 자
④ 연대채무자

> **ADVICE** 》 상대적 소극설에 의하면 시효의 원용권자는 시효로 인하여 의무를 면하거나 권리의 확장을 받는 자이므로 ①②④는 타당하다.

Answer 3.① 4.④ 5.① 6.④ 7.① 8.③

9 시효의 중단사유에 관한 내용으로 틀린 것은?

① 파산절차 참가는 채권자가 이를 취소하거나 그 청구가 각하된 때에는 시효중단의 효력이 없다.
② 재판상의 청구는 소송의 각하, 기각 또는 취하의 경우에는 시효중단의 효력이 없다.
③ 재판상의 청구를 하였으나 소송이 각하된 후 6월 이내에 가처분을 한 때에는 가처분으로 인하여 시효가 중단된 것으로 한다.
④ 지급명령은 채권자가 법정기간 내에 가집행신청을 하지 아니함으로 인하여 그 효력을 잃은 때에는 시효중단의 효력이 없다.

> ADVICE » 재판상의 청구가 각하, 기각 또는 취하의 경우에는 시효중단의 효력이 없으나, 이 경우에도 6월 내에 재판상의 청구, 파산절차 참가, 압류 또는 가압류·가처분을 한 때에는 시효는 최초의 재판상 청구로 인하여 중단된 것으로 본다〈제170조〉.

10 소멸시효에 대한 설명으로 옳은 것은?

① 공유물분할청구권은 소멸시효에 걸린다.
② 보통의 채권은 10년간 행사하지 않으면 소멸시효가 완성한다.
③ 소멸시효중단사유인 승인은 상대방의 처분능력이나 권한을 요한다.
④ 소멸시효기간이 만료하기 전에 권리의 행사가 있거나 또는 권리의 존재를 확실·명확하게 하는 사실이 있게 되면 소멸시효의 진행은 중도에서 끊어지게 되는데, 이를 소멸시효의 정지라 한다.

> ADVICE » ① 그 성질을 형성권으로 보든 물권적 청구권으로 보든 간에 소멸시효에 걸리지 않는다.
> ③ 승인은 시효가 진행되는 도중에 시효의 이익을 받을 자가 상대방에 대하여 그 권리의 존재를 시인하는 행위로 처분능력이나 권한을 요하지 않는다.
> ④ 시효중단에 대한 설명이다.

11 소멸시효에 대한 설명으로 옳지 않은 것은?

① 상법상 채권의 소멸시효는 5년이다.
② 부작위를 목적으로 하는 채권의 소멸시효는 위반행위를 한 때로부터 진행한다.
③ 소멸시효는 권리를 행사할 수 있는 때로부터 진행한다.
④ 소멸시효는 시효기간 만료시에 그 효력이 발생한다.

> ADVICE » ④ 소멸시효는 그 기산일에 소급하여 효력이 생긴다〈제167조〉.

12 소멸시효에 대한 설명으로 틀린 것은?

① 시효의 이익은 미리 포기하지 못한다.
② 시효의 기산점은 법원이 정한다.
③ 가압류는 시효의 진행을 중단한다.
④ 보통채권의 소멸시효는 10년이다.

ADVICE 》 소멸시효의 기산점
  ㉠ 소멸시효는 권리를 행사할 수 있는 때로부터 진행한다.
  ㉡ 부작위를 목적으로 하는 채권의 소멸시효는 위반행위를 한 때로부터 진행한다.

13 시효에 관한 내용으로 가장 타당한 것은?

① 시효중단사유인 승인을 미성년자가 단독으로 한 경우에 제한능력을 이유로 이것을 취소할 수 없다.
② 민법은 시효를 원용하는 자에게만 이익을 부여하려 한다.
③ 소멸시효가 완성된 채권이 그 완성 전에 상계할 수 있었으면 그 채권자는 상계할 수 있다.
④ 재산상속권 침해를 회복하기 위한 청구권은 시효에 걸리지 않는다.

ADVICE 》 ① 상대방의 권리를 인정하는 것이 승인이므로 승인자가 그 권리를 인정하고 승인하면 족한 것이지, 상대방이 그 권리에 관한 처분능력이나 권한 있음을 요하지 않는다. 그러나 승인하는 자는 그 권리를 관리할 능력이나 권한이 있어야 하므로 미성년자의 승인은 유효하지만 취소할 수 있다.
② 민법은 그와 같은 규정을 두고 있지 않고 단지 학설의 대립이 있을 뿐이다.
④ 시효는 신분관계에는 적용될 수 없는 것이 원칙이나, 재산적 색채가 짙은 상속회복청구권 같은 경우에는 적용이 가능하다.

Answer 9.③ 10.② 11.④ 12.② 13.③

14 소멸시효 및 취득시효에 대한 내용으로 틀린 것은?

① 소유권 취득시효의 요건인 점유는 자기점유뿐 아니라 대리점유도 인정되지만 자주점유에 한하며 타주점유는 인정되지 않는다.
② 등기청구권은 채권적 성질의 것이어서 소멸시효에 걸리지만 매수인이 그 목적물을 사용수익할 경우에는 그러하지 아니하다.
③ 甲이 시효에 의하여 乙건물의 소유권을 취득한 경우, 시효완성 전에 건물에 대한 丙의 불법행위에 대하여는 소급효에 의하여 甲은 손해배상청구권을 갖는다.
④ 시효기간은 계약에 의하여 연장할 수 있지만 단축하는 것은 시효완성 전의 시효이익의 포기의 경우와 같이 할 수 없다.

ADVICE 》 ① 소유권 취득시효의 요건인 점유는 소유의 의사가 있는 점유인 자주점유에 한한다.
② 대판 1976.11.6, 76다148
③ 소멸시효는 그 기산일에 소급하므로 甲은 손해배상청구권을 갖는다.
④ 시효이익의 완성 전에 미리 포기하지 못하는 것과 같은 취지로 소멸시효는 법률행위에 의하여 이를 연장·가중할 수는 없으나 이를 단축·경감할 수는 있다.

15 다음 중 소멸시효에 관한 설명으로 옳지 않은 것은?

① 소멸시효는 법률사실이다.
② 단순한 최고만으로는 소멸시효의 중단의 효력을 발생시키지 못한다.
③ 민사소송법상 소멸시효는 당사자가 원용하여야 그 효력이 있다.
④ 소멸시효의 정지의 효력은 이미 경과된 기간의 효력을 상실시키지 아니한다.

ADVICE 》 ① 소멸시효는 법률요건이다.

16 매수인이 매도인으로부터 부동산을 인도받아 계속 점유하고 있는 경우 매수인의 매도인에 대한 이전등기청구권의 소멸시효기간은? (단, 판례에 의함)

① 5년　　　　　　　　　　　　② 10년
③ 20년　　　　　　　　　　　④ 소멸시효에 걸리지 않음

ADVICE » 부동산의 매수인이 매매 목적물을 인도받아 사용·수익하고 있는 경우에는 매수인의 등기청구권은 소멸시효에 걸리지 아니하나, 매수인이 목적물을 매도하고 그 점유를 상실하여 더 이상 사용·수익하고 있는 상태가 아니라면 점유상실시점으로부터 매수인의 등기청구권에 관한 소멸시효가 진행한다(대판 1997.7.22, 95다17298).

17 다음 중 소멸시효기간이 가장 긴 것은?

① 이자 채권
② 여관 숙박료 채권
③ 상사 채권
④ 판결에 의해 확정된 입장료 채권

ADVICE » ① 3년 ② 1년 ③ 5년 ④ 10년

18 시효의 성질에 관한 설명 중 옳은 것은?

① 선의취득도 시효의 일종이다.
② 가족관계에 관하여도 시효에 관한 규정이 적용된다.
③ 소멸시효기간은 법률행위에 의하여 이를 단축 또는 경감할 수 있다.
④ 소멸시효로 채무를 면하는 채무자는 시효 완성시까지의 이자를 지급함이 공평의 원칙상 적합하다.

ADVICE » ① 시효는 법정기간의 계속을 요소로 한다. 따라서 시간의 경과를 요건으로 하지 않는 선의취득은 시효가 아니다.
② 가족관계는 시효에 친하지 않는 법률관계이므로 그에 관하여는 시효에 관한 규정이 적용되지 않는다.
③ 소멸시효는 법률행위에 의하여 이를 배제, 연장 또는 가중할 수 없으나 이를 단축 또는 경감할 수 있다〈제184조 제2항〉.
④ 소멸시효는 기산일에 소급하여 효력이 생긴다〈제167조〉. 따라서 시효기간 중에는 이자를 지급할 필요가 없다.

Answer 14.④ 15.① 16.④ 17.④ 18.③

19 소멸시효에 관한 민법규정의 내용 중 옳지 않은 것은 모두 몇 개인가?

> ㉠ 압류, 가압류 및 가처분은 권리자의 청구에 의하여 또는 법률의 규정에 따르지 아니함으로 인하여 취소된 때에는 시효중단의 효력이 없다.
> ㉡ 작위를 목적으로 하는 채권의 소멸시효는 위반행위를 한 때로부터 진행한다.
> ㉢ 판결에 의하여 확정된 채권은 단기의 소멸시효에 해당한 것이라도 그 소멸시효는 5년으로 한다.
> ㉣ 소멸시효는 청구나 압류 또는 가압류·가처분, 승인 등으로 인하여 중단된다.
> ㉤ 최고는 1월 내에 재판상의 청구, 파산절차 참가, 화해를 위한 소환, 임의출석, 압류 또는 가압류·가처분을 하지 아니하면 시효중단의 효력이 없다.

① 1개　　　　　　　　　② 2개
③ 3개　　　　　　　　　④ 4개

ADVICE » ㉡ 부작위를 목적으로 하는 채권의 소멸시효는 위반행위를 한 때로부터 진행한다〈제166조 제2항〉.
㉢ 판결에 의하여 확정된 채권은 단기의 소멸시효에 해당한 것이라도 그 소멸시효는 10년으로 한다〈제165조 제1항〉.
㉤ 최고는 6월 내에 재판상의 청구, 파산절차 참가, 화해를 위한 소환, 임의출석, 압류 또는 가압류, 가처분을 하지 아니하면 시효중단의 효력이 없다〈제174조〉.

20 다음 중 시효중단사유로서 청구에 해당되지 않는 것은?

① 재판상의 청구　　　　　② 승인
③ 파산절차 참가　　　　　④ 지급명령의 신청

ADVICE » ② 승인은 시효의 이익을 받을 당사자가 시효로 인하여 권리를 잃은 자에 대하여 그 권리 존재를 인정한다고 표시하는 행위로서 법적 성격은 준법률행위 중 관념의 통지에 해당한다.
※ 청구
　㉠ 재판상 청구〈제170조〉
　㉡ 파산절차 참가〈제171조〉
　㉢ 지급명령 신청〈제172조〉
　㉣ 화해를 위한 소환〈제173조〉
　㉤ 임의출석〈제173조〉
　㉥ 최고〈제174조〉

21 최고에 관한 설명 중 옳지 않은 것은?

① 최고는 채무자에 대하여 이행을 청구하는 의사의 통지이다.
② 최고는 6개월 내에 다른 강력한 방법을 취하지 않으면 시효중단의 효력이 없다.
③ 최고가 있은 후 6개월 이내에 최고를 되풀이하는 것과 같이 최고를 계속하여도 결정적인 시효중단의 효력은 생기지 않는다.
④ 일부의 청구나 일부의 상계가 있은 때에는 그 일부에 대하여만 시효가 중단된다.

> **ADVICE** » ④ 일부의 청구나 일부의 상계가 있으면, 보통은 전부에 대한 최고로 보아야 하며 채권 전부에 대한 시효중단을 인정하여야 한다(통설).

Answer 19.③ 20.② 21.④

서·원·각 동영상강의

공무원시험/자격시험/독학사/검정고시/취업대비 동영상강좌 전문 사이트

| 공무원 | 9급 공무원 | 서울시 기능직 일반직 전환 | 각 시·도 기능직 일반직 전환 | 교육청 기능직 일반직 전환 |
| | 관리운영직 일반직 전환 | 사회복지직 공무원 | 우정사업본부 계리직 | 서울시 기술계고 경력경쟁 |

| 기술직 공무원 | 물리 | 화학 | 생물 | |
| | 기술계 고졸자 물리/화학/생물 | | | |

| 경찰·소방공무원 | 소방특채 생활영어 | 소방학개론 | | |

| 군 장교, 부사관 | 육군부사관 | 공군부사관 | 해군부사관 | 부사관 국사(근현대사) |
| | 공군 학사사관후보생 | 공군 조종장학생 | 공군 예비장교후보생 | 공군 국사 및 핵심가치 |

| NCS, 공기업, 기업체 | 공기업 NCS | 공기업 고졸 NCS | 금융논술/경제논술 | 한국수력원자력 |

자격증	임상심리사 2급	건강운동관리사	사회조사분석사	한국사능력검정시험
	국어능력인증시험	청소년상담사 3급	관광통역안내사	국내여행안내사
	텔레마케팅관리사	사회복지사 1급	경비지도사	경호관리사
	신변보호사	전산회계	전산세무	

무료강의	국민건강보험공단	사회조사분석사 기출문제	독학사 1단계	대입수시적성검사
	사회복지직 기출문제	농협 인적성검사	지역농협 6급	기업체 취업 적성검사
	한국사능력검정시험 백발백중 실전 연습문제		한국사능력검정시험 실전 모의고사	

서원각 www.goseowon.co.kr
QR코드를 찍으면 동영상강의 홈페이지로 들어가실 수 있습니다.

서원각
자격시험 대비서

- 핵심이론 >
- 출제예상문제 >
- 온라인강의 제공

교재구입 시 **무료동영상강의** 제공

임상심리사 2급

건강운동관리사

사회조사분석사 종합본

사회조사분석사 기출문제집

국어능력인증시험

청소년상담사 3급

관광통역안내사 종합본

사회복지사 1급 기출문제 정복하기

서원각 동영상강의 혜택

www.goseowon.co.kr
>> 수강기간 내에 동영상강의 무제한 수강이 가능합니다.
>> 수강기간 내에 모바일 수강이 무료로 가능합니다.
>> 원하는 기간만큼만 수강이 가능합니다.